DONATO MATOLA

DROPSHIP & DROPSHIPPING

I Segreti per Rivendere Prodotti

Altrui senza Affiliazioni

Titolo

"DROPSHIP & DROPSHIPPING"

Autore

Donato Matola

Editore

Bruno Editore

Sito internet

www.brunoeditore.it

Sommario

INTRODUZIONE

Dietro ogni umana opera si cela, il più delle volte, il desiderio del proprio creatore di diffonderla, divulgarla e condividerla con altri. Un'idea, un pensiero, un'invenzione sono frutto di un qualcosa in cui si crede e che si desidera mettere a disposizione, perché tutti ne possano usufruire.

Con questo libro vorrei non solo approfondire un'ottima opportunità di guadagno, ma spingere chiunque a guardare oltre il proprio naso, ad imparare a cogliere le possibilità lavorative che ci ruotano intorno continuamente e che spesso non si ha la voglia o la capacità di intravedere.

In una società come la nostra, in cui tutto è "evoluzione" e "cambiamento" non ci è più permesso di rimanere legati a certe convinzioni obsolete e limitanti, ma occorre reinventare la vita e ancora di più il lavoro. Occorre **essere creativi**, lasciare sfogo alle idee e ai propri veri bisogni, lasciarsi andare alla propria indole, senza timore, così da essere proficui per se stessi e di conseguenza per gli altri. Perché il benessere nasce dalla prosperità delle idee di noi uomini e non dal loro soffocamento. Ovunque ci sia un fermento di idee c'è prosperità, sia per chi le formula sia per chi ne usufruisce, e questa è una legge naturale.

Il mondo del lavoro spesso viene identificato come precario, carente ecc. La verità è che è cambiato, si è trasformato, si richiede una produttività diversa, un impegno diverso e una diversa versatilità e preparazione. Come ogni cambiamento semplicemente "accade", anche se non si è del tutto pronti.

Viviamo nel tempo in cui cadono i miti del "posto fisso", degli "stipendi assicurati", e questo ci fa sentire precari. In realtà questa che voglio proporti è una **possibilità vera e propria**, la possibilità di staccarci definitivamente da lavori noiosi, stancanti e insoddisfacenti ai quali abbiamo affibbiato l'errato e troppo importante epiteto di "lavori sicuri".

Pensiamo a quanti dipendenti di fabbriche o aziende storiche in Italia o nel mondo temono per il loro licenziamento; neanche sanno che nuove opportunità di lavoro si stanno generando e che di nuove ne nasceranno. Invece di disperare potrebbero essere impiegati o impiegarsi loro stessi in diverse mansioni o compiti a loro finora ignoti, scoprendo magari nuove propensioni o interessi, scoprendosi imprenditori e generare a loro volta ricchezza e benessere; il loro unico difetto è quello di “non saperlo”.

Pensa ancora a quelli che fanno un lavoro durante la settimana e che nei weekend svolgono lavori saltuari, ma più piacevoli, per arrotondare; spesso guadagnando quello che si ottiene in una settimana di lavoro normale.

Il lavoro fisso in questa prospettiva diventa quasi un arrotondamento di quello saltuario. Mi viene da pensare che se queste persone facessero il mestiere verso il quale sono realmente portate sprecherebbero molte meno energie, soprattutto psicologiche, e i guadagni crescerebbero.

La verità è che molte persone vanno a lavorare con la convinzione che il lavoro sia di per se stesso negativo, noioso, una perdita di tempo e che tutti i piaceri si debbano concentrare e relegare alle uscite del venerdì e del sabato o nei saltuari periodi di Ferie; è così, certo, ma solo quando il proprio lavoro non rappresenta un espletamento delle proprie capacità e dei propri interessi più reconditi.

In trentuno anni di vita, di cui quattordici lavorativi, ho aperto attività, ho lavorato come dipendente, sono stato disoccupato, ma mai le cose sono andate bene come quando ho dato spazio ai miei veri interessi. Eh sì, perché questo implica meno sforzo, perché significa alzarsi la mattina e occuparsi di cose che ti piacciono veramente, che non comportano "fatica"!

Attenzione, non ho detto che non comportano "impegno", quello è alla base del successo. Ho parlato invece di fatica, perché l'essere stanchi è piacevole se si fa una cosa a cui si tiene veramente, al contrario diventa pesante se l'attività che si svolge è del tutto priva di interesse. Chiunque di noi durante una partita a calcio gioca con impegno e fa fatica correndo per il campo, eppure lo fa con piacere. La stessa cosa dovrebbe verificarsi per il lavoro.

Quello che i più spesso non sanno è che svolgendo un lavoro "scelto" e non "imposto" anche le entrate finanziarie aumentano, poiché si è più creativi in quello che si fa. In poche parole si è molto ben disposti, le iniziative crescono e con esse il fatturato. Inoltre il lavoro non è mai monotono, che è un altro aspetto fondamentale.

Un altro grande problema che abbiamo tutti è quello di avere paura di non riuscire più a guadagnarci da vivere semmai un giorno perdessimo l'unico lavoro apparentemente sicuro della nostra vita. Altra idea sbagliata: **la vita è piena di possibilità** e, credimi, ci sarà sempre bisogno di "te" per qualcosa, ci sarà sempre qualcuno che avrà bisogno del tuo contributo, ci sarà sempre qualcuno che non saprà fare quello che invece tu sai fare benissimo!

Basta poter capire cosa sai e vuoi fare veramente nella vita e non ci saranno problemi. L'unica cosa da fare veramente è "saper fare bene il proprio mestiere", occorre prepararsi e impegnarsi, il resto verrà da sé.

Il denaro è la “naturale” conseguenza del proprio modo di lavorare, ricordatelo sempre!

Il più delle volte si incorre quindi nell’errore più grave che si possa commettere nella valutazione del mondo lavorativo e cioè di imputare la causa di una crisi lavorativa ad eventi esterni invece che a un proprio atteggiamento di negligenza nei confronti del lavoro stesso.

Ci si aspetta sempre che qualcuno venga a toglierci le castagne dal fuoco e ci risolva una situazione, che il Superman del momento venga a salvarci e ci tolga dai guai, ma purtroppo il più delle volte non è così. Piuttosto è la validità dei nostri intenti che ci fa avere le opportunità giuste nella vita e che ci risolve i tanto temuti problemi, che una volta risolti ci rendono più uomini e capaci di risolverne altri e altri ancora, tanto da farci l’abitudine, tanto da non farceli neanche più considerare problemi ma **obiettivi**.

Quindi, tornando al vero scopo di questo libro, il mio intento è quello di introdurti a una delle tante possibilità di lavoro reale che esiste in Internet e che è destinata ad evolversi nel tempo. È una possibilità di lavoro diversa, nuova, già in uso e già consolidata in altri paesi. Per alcuni potrà diventare un hobby, per altri una vera e propria attività di sostentamento.

Credo fortemente nel Web come innovazione e il Dropshipping rappresenta in campo lavorativo un'esperienza unica nel suo genere e degna di essere annoverata tra le realtà "intelligenti" di Internet.

Questo libro si rivolge quindi a tutti coloro i quali vogliono cambiare la propria vita lavorativa perché ne sono insoddisfatti, a coloro i quali cercano una seconda fonte di reddito, a coloro i quali credono che si possa lavorare in modo indipendente, stabilendo i propri orari di lavoro, e soprattutto in ogni parte del mondo.

Eh già, perché un altro aspetto importante dei cambiamenti del mondo lavorativo è che si va sempre più verso una globalizzazione, per cui occorre non rimanere fermi ai confini del proprio paese, ma allargarsi verso altre nazioni, questo per far sì che le nostre opportunità possano aumentare; in altre parole: **meno limiti più affari** per noi, più clienti!

In questo libro troverai informazioni su come intraprendere un'attività di lavoro indipendente, vera, minimizzando i costi e ottimizzando le risorse, sfruttando le infinite risorse del Web. Troverai consigli su come e dove operare, cosa vendere, a chi e come. Si tratta di un primo vademecum di informazioni che ogni dropshipper alle prime armi non potrà fare a meno di avere, per iniziare fin da subito questo nuovo cammino lavorativo.

Un consiglio: ricerca sempre quante più informazioni possibili, **studia, documentati** su ogni cosa, sii sempre curioso, sperimenta e vedrai che nuove prospettive e opportunità ti si paleseranno davanti e sempre meno paure e incertezze ostacoleranno la tua vita. Sii sempre padrone di te stesso!

Prima di cominciare il tuo percorso formativo occorre mettere in chiaro alcuni punti cardine che dovrai ben tenere a mente durante la lettura.

1. Ciò che leggerai è *reale*, è una “cosa” che, sebbene sia sconosciuta ai più – e questo è un bene per i precursori e i pionieri – *esiste* ed è *concreta.* Molte persone nel mondo la stanno mettendo in pratica ed è già molto diffusa anche nel nostro paese.

2. Non si parlerà mai di “guadagno facile” o cose simili. Come in tutte le cose occorre lavorare sodo e impegnarsi, per cui non confondiamo il fascino di questa opportunità con la possibilità di non fare niente e guadagnare moltissimo.

3. Non fermarti alle sole informazioni di questo libro, ma allarga le tue nozioni quanto più puoi, in modo da conoscere a fondo la materia, anche perché, come di solito avviene, c’è sempre chi perfeziona alcune strategie o metodi a propria immagine e somiglianza e di conseguenza personalizza la propria attività; chiaramente non sarò né il primo né l’ultimo a parlare dell’argomento.

4. Agisci sempre nel rispetto delle altre persone e della legge!

GIORNO 1

Cos'è il Dropshipping

Questo termine significa letteralmente "spedizione a goccia". In altre parole rappresenta la possibilità di vendere prodotti senza averli precedentemente acquistati e quindi senza averli fisicamente in un magazzino. Proverò con una semplice equazione a fornirti un esempio pratico.

Supponiamo di instaurare un rapporto di Dropshipping con un fornitore di lettori MP3. Il prezzo di ogni lettore sarà di **X+Y** (dove X rappresenta il **costo da catalogo** dell'oggetto e Y il **prezzo di spedizione**); tu, attraverso aste online, siti di annunci o quant'altro, metterai in vendita ogni lettore al prezzo di **X+Y+Z** (dove Z rappresenta il tuo **margine di guadagno**).

Una volta venduto l'oggetto e incassata la cifra di X+Y+Z, pagherai X+Y al fornitore, il quale provvederà direttamente alla spedizione dell'oggetto al tuo cliente, mentre tu tratterrai Z come provvigione personale sulla vendita.

C'è subito da dire che un buon fornitore in Dropshipping spedisce la merce in forma del tutto anonima, in modo da evitare qualsiasi contatto tra lui e il tuo acquirente, che in questo modo continuerà ad acquistare solo e unicamente da te. Immagina ora, dopo questa breve spiegazione, quali possono essere i **vantaggi** di questo tipo di vendita.

Primo fra tutti il fatto di **non dover sostenere l'acquisto di grandi stock di merce** che, soprattutto nella fase di avvio di un'attività, richiedono disponibilità immediata di grosse somme di denaro. Chiunque abbia deciso di aprire un'attività in proprio sa benissimo che gli investimenti vanno fatti in anticipo.

In secondo luogo **si annulla il rischio di merce invenduta** e di conseguenza la rinuncia a un ulteriore guadagno dovuto alla svendita totale dei cosiddetti fondi di magazzino. Basti pensare a un negoziante di abbigliamento che ordina centinaia di cappotti da neve in vista dell'inverno e poi riesce a venderne solo la metà a causa di una stagione invernale priva di nevicate.

Terzo, il **non dover avere fisicamente un magazzino**, che in termini di affitto o mantenimento richiede moltissimo impegno da parte di chi lo gestisce. Eh sì, perché è proprio questo uno dei pregi dell'avvento del Web nella nostra vita e cioè il fatto di poter risparmiare su molte delle spese che finora hanno afflitto le consuete attività di commercio offline, usufruendo di mezzi innovativi e spesso disponibili a costo zero. Questi consentono di migliorare e ottimizzare il giro di affari di ogni impresa.

Quarto e non meno importante, la **possibilità di pagare il fornitore solo dopo aver ricevuto l'ordine di acquisto** di un cliente.

Quinto, tu **deciderai il prezzo finale** di un prodotto e quindi il tuo guadagno.

SEGRETO n. 1: Il Dropshipping permette di disporre di merce che verrà pagata al fornitore solo dopo la vendita e di abbattere molti dei costi che normalmente deve affrontare un commerciante.

Il tutto si traduce nella grande opportunità per chiunque di fare impresa senza che, in caso di esito negativo, si incorra in ingenti perdite di denaro, circostanza spesso deleteria sia per chi subisce le perdite sia per le persone legate a vario titolo ai suoi affari.

Oggi aprire un'attività online significa avere una finestra affacciata sul mondo e questo si traduce in "più clientela" e di conseguenza "più affari". Anche un negozio aperto in una periferia qualsiasi può, oltre che servire la clientela circoscritta alle sue immediate vicinanze, vendere online i suoi prodotti e in questo modo allargare enormemente il suo raggio d'azione.

Conosco personalmente artigiani che vendono i loro prodotti in tutto il mondo e che hanno la sede in piccoli centri sperduti della nostra bella Italia e che per il solo fatto di avere un sito internet e di essersi fatti un'ottima pubblicità sul Web – investendo meno di quanto avrebbero investito offline e ottenendo molti più benefici – e con il passaparola, vendono in tutto il pianeta.

Questo fa sì che **non dipendano dai soli cicli economici del proprio circondario**. In altre parole: non più ansie e timori se la porta d'ingresso del proprio negozio rimane chiusa e non si ha un flusso continuo di clientela. Tanto... tutto avviene altrove!

SEGRETO n. 2: Il Dropshipping è una nuova opportunità di guadagno e di lavoro, una delle poche che permette di partire senza investimenti e rischi.

Da dove iniziare

Una volta deciso di intraprendere la carriera del dropshipper occorre gettare le basi della propria attività. Con questa guida fornirò dettagli che permetteranno a chiunque voglia iniziare a vendere in Dropshipping di partire con investimenti bassissimi, talvolta nulli, in modo da poter acquisire padronanza nel gestire il proprio business e reinvestire i primi ricavi successivamente.

Questa è secondo me una legge fondamentale da rispettare in ogni campo imprenditoriale, **non fare mai il passo più lungo della gamba** e dosare sempre il rischio, potresti anche accorgerti con il tempo che il lavoro che svolgi non ti piace.

Di cosa hai bisogno quindi per iniziare?

1. Sicuramente dovrai stringere rapporti di **partnership con uno o più fornitori** che garantiscano un servizio di Dropshipping e che quindi ti mettano a disposizione il loro catalogo prodotti e ne garantiscano poi la spedizione direttamente ai tuoi clienti. Fornirò alcuni siti di riferimento in modo da risparmiarti fatica, ma nulla ti vieta di cercare nuovi partner online e offline, magari dal grossista vicino casa. In Italia non sono ancora molte le aziende che conoscono e di conseguenza offrono il servizio di Dropshipping, per cui la scelta dei prodotti da vendere non è vastissima.

Tuttavia nessuno ti vieta di intraprendere affari con fornitori della tua zona, vicino casa per intenderci, visitandoli di persona, esponendo il progetto e cercando di instaurare un rapporto commerciale, per così dire, "ex novo".

2. Una volta deciso con quale fornitore collaborare occorrerà decidere **dove vendere**, o meglio, trovare uno spazio ben visibile da occupare con i tuoi prodotti, con tanto di descrizione, prezzo ecc., in modo che possibili acquirenti possano vedere cosa tratti e comprare i tuoi prodotti.

3. Scegliere **cosa vendere** è importante, perché dovrai scegliere solo prodotti sui quali si possono avere ottimi margini di guadagno. In questo caso è d'obbligo effettuare una piccola ricerca di mercato con motori di ricerca o altro e stabilire se già qualcuno vende qualcosa di simile al tuo prodotto e a che prezzo.

Una legge di mercato stabilisce che chi acquista grossi quantitativi di merce, qualsiasi essa sia, generalmente beneficia di sconti maggiori sul singolo pezzo acquistato. Un buon servizio di Dropshipping al contrario prevede che i prezzi di acquisto siano convenienti anche per un solo oggetto a catalogo, a patto che l'oggetto in questione sia di interesse per qualcuno.

4. Altro punto fondamentale sarà fornirsi di un paio di metodi sicuri e affidabili con i quali **gestire i pagamenti** sul Web; questo per concludere le compravendite nel migliore dei modi. Operando online dovrai disporre di mezzi sufficienti ad intraprendere operazioni di moneta elettronica, così da ottimizzare i tempi di gestione della tua attività, che spesso si può allargare a nazioni differenti dall'Italia, che richiedono rapporti commerciali esclusivamente via telematica.

5. Come per i mezzi di pagamento, occorrerà dotarsi di **sistemi di comunicazione efficienti**, in modo da ammortizzare ulteriormente anche questo tipo di costi.

Oggi Internet è popolato di negozi online, di venditori ecc., per cui è facile capire che la concorrenza è spietata, di conseguenza occorre sapersi distinguere in questo grande mare scegliendo i giusti prodotti da vendere.

Detto ciò cominciamo a gettare le basi del nostro business; chiaramente le possibilità sono infinite, per cui ad ognuno la scelta e la capacità di espandere la propria attività e personalizzarla.

Scegliere i fornitori

Come ti ho anticipato prima, un buon fornitore garantisce un ottimo prezzo di acquisto della sua merce – a prezzo da grossista, appunto – anche per quantità minime di ordine, anzi, meglio, anche per un singolo prodotto ordinato. Un buon fornitore garantisce **almeno il 30% di margine di guadagno** su ogni singolo prodotto, questo perché spesso siti come eBay o altro richiedono delle commissioni, ragion per cui dovrai avere dei margini di guadagno e non lavorare per niente.

Deve inoltre **garantire** i propri prodotti, **spedire** la merce in tempi brevi, in modo che i tuoi clienti non attendano troppo, e tenere **aggiornato il proprio catalogo**, per evitare le rotture di stock della merce e quindi la mancanza dei prodotti. Bisogna inoltre verificare che lo stesso fornitore non venda in modo indipendente gli stessi prodotti che vende a te e a prezzi inferiori. È facile capire che un dropshipper di questo genere non è serio, per cui è assolutamente da evitare.

Vi è poi un altro problema e cioè che in Italia non sono ancora molti quelli che offrono il servizio di Dropshipping, mentre all'estero il Dropshipping è una pratica molto diffusa; per cui ci si troverà di fronte all'amara consapevolezza che molti ottimi fornitori saranno al di fuori dei nostri confini. Ciò significa che si potrà incorrere in quelli che sono i famosi e temuti dazi doganali da pagare per importare in Italia.

In poche parole non è consigliabile per un dropshipper che i propri clienti, alla ricezione della merce, si vedano costretti ad un esborso ulteriore sul prezzo di acquisto pari, appunto, a un dazio o qualsivoglia altra tassa, solo perché questo oggetto proviene da un altro paese. Una scelta del genere non è affatto produttiva, anche perché nel 100% dei casi avrai anche perso un cliente.

Tieni presente però che questa eventualità si può verificare se si vende un prodotto che, ad esempio, proviene da un fornitore cinese. Qualsiasi prodotto che arrivi da una nazione estera in Italia, ma anche in altri stati, è soggetto a **tasse di importazione**; per cui un prodotto che arriva dalla Cina, una volta giunto alla frontiera può passare inosservato se piccolo e di poco valore, ma può essere fermato e tassato se più grande e di valore maggiore.

La cosa al contrario non si verifica se il fornitore appartiene alla Comunità europea e la spedizione avviene all'interno della comunità stessa. Con l'unificazione dell'Europa infatti un oggetto che dall'Inghilterra è diretto in Italia non è soggetto a dazio doganale. Questo è il primo aspetto positivo del servizio di Dropshipping e cioè se è effettuato all'interno dell'Europa non crea problemi di sorta.

Al di fuori del territorio europeo è un po' più complicato. È vero, c'è chi dice che pur ordinando merce dall'Asia in questi anni non è mai incorso in problematiche di sorta nella sua importazione, ma i tempi stanno cambiando e le nazioni si stanno adeguando. I controlli sono più frequenti e sono state varate leggi appropriate.

In ogni caso non è mia intenzione istruirti su possibili sotterfugi o trucchi che possono dare adito a violazione delle leggi, al contrario è mio interesse indicarti i possibili rischi in cui si può incorrere.

C'è però un aspetto fondamentale che spesso i dropshipper ignorano e trascurano e che, come ho già detto nella prefazione, è una grande prerogativa del commercio online: grazie al Web non dobbiamo più porci limiti e confini, ovvero si può operare ovunque nel mondo. È importante porsi in quest'ottica di lavoro, poiché ci permette di spaziare con la mente e trovare nuove soluzioni commerciali, in modo da non essere limitati dalle normali regole di mercato.

In sostanza nessuno ci vieta di **vendere un prodotto nel paese**

stesso del fornitore o in paesi che hanno leggi doganali o di importazione meno vincolanti e fiscali.

Se ad esempio un fornitore con ottimi prezzi è ubicato in Cina o negli Stati Uniti o qualsiasi altro stato, possiamo, dopo un'iniziale analisi di mercato, mettere in vendita gli oggetti del suddetto fornitore sui siti eBay o siti di annunci del paese in questione. Certo, la cosa può risultare difficile se la lingua di quello stato ti è sconosciuta, ma il più delle volte tutti i siti internazionali hanno una versione in inglese.

Per eBay la cosa è più semplice, perché, se abbiamo un po' di familiarità con la piattaforma, i menù, i pulsanti ecc. hanno più o meno la stessa struttura della piattaforma italiana, per cui sono di immediata e facile interpretazione.

Importante: Un ottimo **dropshipper non ti chiederà mai soldi per vendere i suoi prodotti**, in quanto già guadagnerà dai prodotti che tu venderai per lui. Quindi non prestare attenzione a fornitori che chiederanno le cosiddette "*fees* di ingresso" (o diritti di ingresso) per l'accesso ai propri cataloghi. Sicuramente non si tratta altro che di **intermediari**, o meglio finti fornitori.

Il Dropshipping non è altro che un'evoluzione della vecchia rappresentanza e vendita con l'unica, ma fondamentale, differenza di non dover girare ore ed ore per le case dei tuoi possibili clienti con la speranza di vendere qualcosa, ma di essere contattato direttamente da loro, perché cercano e necessitano dei prodotti che tu vendi.

Inoltre la vendita avviene direttamente da casa tua o dal tuo ufficio e mai, che io ricordi, un'azienda – a meno che non sia poco seria – ha chiesto a qualcuno soldi per vendere i propri prodotti, semmai il contrario. Capisci che se qualcuno pretende soldi è perché già in partenza ha bisogno di guadagnare su di te e non basa la propria attività sulla vendibilità dei propri prodotti?

SEGRETO n. 3: La scelta dei fornitori è essenziale: devono garantire ampi margini di guadagno (almeno il 30%), assistenza, garanzia e soprattutto anonimato nelle spedizioni.

Ma procediamo per gradi. Uno dei dropshipper più famosi e più seri in Italia è **www.bazarissimo.it**, anzi, direi che è l' unico che attua una vera e propria politica di Dropshipping. Se visiti il sito – sicuramente non è tra i più belli dal punto di vista grafico, anche perché è ancora una versione provvisoria, ma è molto funzionale – ti accorgerai subito della vasta gamma di prodotti presenti in catalogo.

Bazarissimo offre un servizio gratuito di Dropshipping e in più una sezione didattica di veri e propri corsi online di cui puoi usufruire gratuitamente per apprendere i segreti dell'e-commerce. L'iscrizione al servizio di Dropshipping è assolutamente gratuita – questo a riprova della serietà del fornitore – e dà diritto all'accesso a un'area riservata in cui ogni dropshipper iscritto può acquistare i prodotti in catalogo a un prezzo scontato rispetto a quello esposto sul sito al pubblico.

Questo permette ad ogni venditore di ottenere un margine di guadagno sugli oggetti da lui venduti. Per essere precisi il margine auspicabile è almeno del 30%.

Ovviamente **per ogni oggetto a catalogo potrai utilizzare foto,**

descrizioni e schede tecniche presenti sul sito e ogni opzione di supporto alla tua vendita. Approfondiremo questo aspetto più tardi, ma ovviamente sarà con questi prodotti che andrai a riempire gli scaffali virtuali dei tuoi negozi online.

Bazarissimo è sicuramente ciò che io consiglio per cominciare ad intraprendere un'attività di Dropshipping. Daniele Penna, l'inventore, il gestore, il promulgatore di tutto, è riuscito a creare un vero e proprio store disponibile a tutti e a ottimizzare il tutto con programmi di gestione, affiliazione ecc. creati appositamente. Pensa solo al fatto che mette a disposizione diversi software, primo fra tutti una **toolbar dedicata**, attraverso la quale potrai gestire ordini, spedizioni, resi, avendo sempre tutto sotto controllo e rimanendo sempre collegato al fornitore, direttamente, in modo da gestire in completa precisione la tua attività.

Per non parlare dei **continui corsi gratuiti** che il sito mette a disposizione, che tutti possono seguire per essere sempre aggiornati e sfruttare al meglio le nuove tecniche di guadagno. Sì, perché Bazarissimo non è solo Dropshipping, ma offre innumerevoli opportunità per accrescere la tua attività online.

Pensa che iscrivendoti a Bazarissimo potrai acquistare stock di merce che potrai poi vendere direttamente con profitto nei modi che riterrai opportuni, oppure entrare a far parte di un vero e proprio franchising gratuito per la vendita online. Per chi non ha un sito e-commerce sarà possibile usufruire di uno store personale sul quale indirizzare i propri clienti e tanto altro ancora. Il tutto completamente gratis, poiché la politica di Bazarissimo è quella di guadagnare facendo guadagnare tutti.

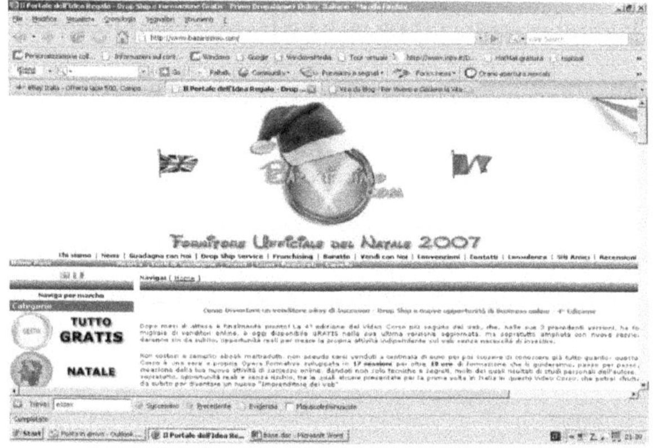

Fonte: www.bazarissimo.it

Senza parlare dell'assistenza e del supporto che lo stesso Bazarissimo offre, che rappresentano un vero tesoro per i nuovi affiliati, che vengono aiutati ad impostare un giusto utilizzo della piattaforma. Grazie alla toolbar sarai sempre informato sulla merce finita o esaurita, aggiornato sulle News, sulle iniziative e quant'altro.

Un altro fornitore è **www.gianostore.com**, spedisce molto velocemente in Italia e all'estero, presenta una notevole quantità di prodotti da vendere e di diverse categorie, l'unica differenza con Bazarissimo è che per ottenere i prezzi da dropshipper ogni utente deve pagare una **cifra mensile di abbonamento** fissa. A seconda del pacchetto acquistato (*Bronze*, *Silver*, *Gold*), il dropshipper usufruirà di sconti diversi che variano dal 5% al 40%.

Fonte: www.gianostore.it

Anche www.esseshop.it offre lo stesso servizio gratuitamente e nella sezione «Last Minute» potrai trovare occasioni davvero interessanti.

Fonte: www.esseshop.it

www.queenair.it è un altro dropshipper, che a differenza degli altri tratta merce inerente ai sistemi di condizionamento o climatizzazione e molto altro ancora.

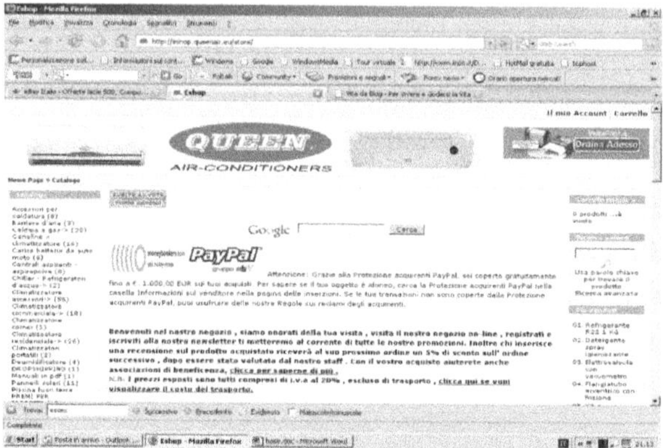

Fonte: www.qeenair.it

Questi sono alcuni dei fornitori italiani più conosciuti sul Web e che garantiscono un servizio di Dropshipping. Ognuno di essi, come detto precedentemente, può essere contattato per telefono o di persona. Nessuno comunque ti vieta di **condurre ricerche di nuovi fornitori in Dropshipping**, anche perché ne nasceranno molti in futuro.

Esiste inoltre una schiera di dropshipper internazionali che da tempo operano sul mercato e con i quali si può intraprendere un rapporto commerciale (quindi anche con l'estero). Personalmente il mio preferito, che inoltre ho testato, è Chinavasion, all’indirizzo **www.chinavasion.com**.

Vende Hi-Tech a prezzi veramente concorrenziali, questo permette di avere ottimi margini di guadagno.

Fonte: www.chinavasion.com

Il sito è serissimo, Chinavasion garantisce i propri prodotti, l’unico inconveniente è che le spedizioni dalla Cina in Italia richiedono parecchi giorni e non tutti i clienti sono disposti ad accettare questa cosa. Ovviamente non è detto che dobbiamo per forza vendere in Italia. Il bello del Dropshipping è che è possibile praticarlo ovunque, occorre solo sapere dove il prodotto che vendiamo và spedito e il gioco è fatto.

Importante: Evita ordini e acquisti dalla Cina a cavallo di gennaio e febbraio, cioè in occasione del Capodanno cinese, periodo in cui tutto si blocca per i festeggiamenti, anche per un mese. Questo di certo può procurarti molti inconvenienti con spedizioni e assistenza.

Da pochissimo tempo esiste un portale con un grande elenco di fornitori internazionali che sicuramente deve essere preso in considerazione: **www.opendropship.com**.

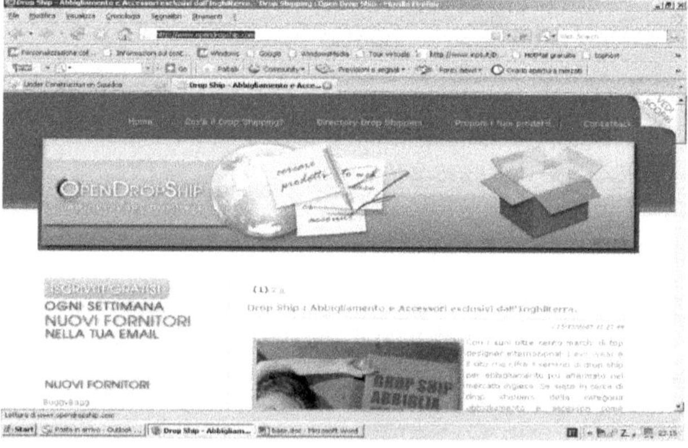

Fonte: www.opendropship.com

SEGRETO n. 4: Comincia dai fornitori affidabili che ti ho indicato.

Qui, oltre a numerosi consigli su Dropshipping, potrai trovare ottime risorse sulle quali documentarti costantemente. Considerando che il sito è nuovo, penso che presto sarà un ottimo punto di riferimento per tutti coloro che vorranno cimentarsi in questa attività. Allo stesso scopo ti consiglio di iscriverti al forum di **www.ibuyportal.it**, sito dedicato esclusivamente al Dropshipping internazionale.

Fonte: www.ibuyportal.it

Una folta community in continuo fermento discute e mette a

confronto esperienze personali di acquisti presso fornitori esteri. È stata inoltre da poco istituita una stazione radio via Web, dove si possono ascoltare le interviste di veri esperti del settore.

Grazie all'ausilio di motori di ricerca quali Google, Yahoo, Altavista, Msn ecc. potrai ricercare nuove partnership digitando nei moduli di ricerca termini quali: «Dropshipping», «Dropshipper», «Dropshippers», «Drop Ship» e ancora «Dropshipment». Tutti termini, questi, che stanno a indicare lo stesso servizio.

È chiaro che ogni fornitore va contattato personalmente, attraverso mail e telefono, per verificarne la serietà. Magari puoi ordinare un campione di un prodotto qualsiasi prestando attenzione alla **qualità** dello stesso, alla **velocità** o meno della spedizione, nonché al tipo di **imballaggio**.

Bisogna sempre assicurarsi che il fornitore sia un vero e proprio grossista e non un intermediario; in questo caso infatti andresti a pagare inutili maggiorazioni sul prezzo di acquisto di un qualsiasi oggetto. Anche **prezzi troppo bassi**, soprattutto di prodotti di marca, sono un campanello di **allarme**. Nel 99% dei casi dietro a questi siti si nascondono veri e propri specchi per le allodole.

Ricerca sempre **informazioni su motori di ricerca** (www.google.it), sui **forum**, nei **siti di opinioni** e simili riguardo ai fornitori trovati. Spesso dietro apparenti siti di e-commerce si nascondono truffatori senza scrupoli pronti a sottrarti denaro con acquisti fasulli e qualcuno che magari è già caduto vittima di questi siti può aver recensito la sua disavventura.

Un ottimo mezzo di controllo dei siti è www.whois.cs, una sorta di banca dati di tutti i siti del mondo; fornisce indicazioni su data di apertura di un sito, sul suo proprietario e quant'altro. È chiaro che un **sito che esiste da pochi giorni** deve subito essere preso con le pinze: più un sito è recente e più **può essere a rischio di truffa**.

Anche la scadenza di acquisto di un dominio è un campanello di allarme, un **dominio affittato per un solo anno** (meno non si può) è da ritenersi **sospetto**.

Attenzione poi alle informazioni di contatto. È chiaro che un'azienda seria non farà riferimento a indirizzi email del tipo xxx@tiscali.it o xxx@hotmail.com ecc., ma piuttosto xxx@nomesito.xx. Saranno presenti inoltre dati d'azienda quali Partita IVA, telefono fisso e fax, indirizzi e così via.

Ricorda sempre che **nessun sito serio ti chiederà mai dati tipo username o password dei tuoi conti correnti o simili**. Verifica che i collegamenti (link) verso le Poste o altre banche corrispondano ai **collegamenti dei siti originali**, spesso infatti alcuni siti copiano completamente le pagine originali dei grandi gruppi bancari, per cui l'utente crede di trovarsi sul sito della propria banca ignaro di fornire informazioni riservate a perfetti estranei.

Nessuna azienda onesta inoltre vi chiederà mai il **codice dispositivo per intero** del vostro conto.

Spessissimo i truffatori richiedono pagamenti con Western Union o Money Gram, metodi che permettono una facile riscossione di denaro in perfetto anonimato da parte di chiunque e in qualunque parte del mondo. Anche la carta di credito spesso non è al sicuro da truffe, si consiglia di provare a inserire dati falsi nei campi dati di pagamento; se questo viene accettato si tratta sicuramente si un sito illegale.

Sempre su Google è possibile ricercare siti che riportano intere **liste nere di "siti truffa"** consultabili velocemente e che possono contenere gli indirizzi web dei siti in cui ti imbatti. Se il sito in questione appare nella lista è chiaro che dovrai evitarlo. Una particolare attenzione va prestata nella ricerca di fornitori esteri.

SEGRETO n. 5: Evita siti di fornitori fraudolenti o siti di intermediari che richiedono fees (diritti) di ingresso o soldi per accedere al proprio catalogo. Esegui a questo scopo gli opportuni controlli.

Comunque, una volta scelto il proprio fornitore, avrai a disposizione l'intero catalogo dei suoi prodotti, con tanto di fotografie e descrizione tecnica di ciascuno di essi, cosa che ti tornerà utile nella fase successiva della vendita. Saranno infatti quelle foto e quelle informazioni che mostrerai ai tuoi potenziali clienti, farai quindi di quel catalogo il tuo catalogo, con le opportune modifiche sui prezzi di vendita.

SEGRETO n. 6: Per testare un fornitore ti consiglio di effettuare una prova, magari per un prodotto di basso costo, simulando un ordine in Dropshipping. Questo ti consentirà di verificare correttezza, velocità della spedizione e altro.

RIEPILOGO DEL CAPITOLO 1:

- SEGRETO n. 1: Il Dropshipping permette di disporre di merce che verrà pagata al fornitore solo dopo la vendita e di abbattere molti dei costi che normalmente deve affrontare un commerciante.
- SEGRETO n. 2: Il Dropshipping è una nuova opportunità di guadagno e di lavoro, una delle poche che permette di partire senza investimenti e rischi.
- SEGRETO n. 3: La scelta dei fornitori è essenziale: devono garantire ampi margini di guadagno (almeno il 30%), assistenza, garanzia e soprattutto anonimato nelle spedizioni.
- SEGRETO n. 4: Comincia dai fornitori affidabili che ti ho indicato.
- SEGRETO n. 5: Evita siti di fornitori fraudolenti o siti di intermediari che richiedono fees (diritti) di ingresso o soldi per accedere al proprio catalogo. Esegui a questo scopo gli opportuni controlli.
- SEGRETO n. 6: Per testare un fornitore ti consiglio di effettuare una prova, magari per un prodotto di basso costo, simulando un ordine in Dropshipping. Questo ti consentirà di verificare correttezza, velocità della spedizione e altro.

GIORNO 2

Come, dove e cosa vendere

Una volta che avrai deciso con quale fornitore lavorare e intrattenere un rapporto commerciale, occorre **trovare i luoghi e i mezzi** per vendere i tuoi prodotti. Il Web è pieno di questo tipo di opportunità e ovviamente non sarà possibile enunciarle tutte in questo ebook. Inoltre nessuno ti vieta di sviluppare nuove strategie, ma sicuramente quelle da me enunciate sono le più importanti, perché sono quelle che ti possono garantire un ottimo risultato di vendita e che presentano la più ampia opportunità di **trovare clienti**.

Sì, perché la cosa più importante nella vendita sono loro, i clienti, quelli che hanno bisogno di quello che noi offriamo. Perché il commercio, in tutte le sue forme, si basa su una regola fondamentale: vende chi soddisfa le esigenze dei compratori; ma ne parleremo meglio nel prossimo capitolo.

Internet è una sorta di mondo parallelo a quello reale, in cui quotidianamente navigano milioni di persone. Chiunque, in qualsiasi momento, ricerca qualcosa: un oggetto, un servizio ecc. Sta a noi soddisfare queste richieste accaparrandoci una fetta di clientela e quindi di mercato. Ma dove il popolo di Internet compie più spesso e in maniera più consistente le sue ricerche?

Oggi, rispetto ad alcuni anni fa, è stata superata quella diffidenza nei confronti degli acquisti online; inoltre è in previsione un ulteriore sviluppo ed evoluzione di questa forma di acquisto nei prossimi anni. La vendita avviene fondamentalmente attraverso quattro canali:

1. eBay (aste e negozio eBay) e siti di aste in generale.
2. Siti di annunci.
3. Sito personale.
4. Blog personale.

eBay

È la più importante, visitata e frequentata piattaforma di incontro tra acquirenti e compratori (www.ebay.it). Interessa ogni genere di merce e ogni parte del globo, del Web. Costituisce senz'altro il canale Internet di vendita o acquisto più conosciuto e usato al mondo ed è anche quello più popolato di utenti e iscritti che giornalmente ne fanno uso per i propri acquisti.

In sostanza è una vetrina che offre a chi vende milioni di visitatori e quindi **milioni di potenziali clienti**, e a chi acquista milioni di venditori. Pensa a una grandissima e immensa piazza popolata da un'infinità di bancarelle e negozietti in cui si può trovare di tutto.

Il portale eBay nasce principalmente come sito di aste online; è infatti possibile mettere in vendita o acquistare tramite vere e proprie **aste**, appunto, con tanto di orario e giorno di inizio e fine per ognuna di essa. L'utente che alla fine dell'asta offre di più per un oggetto se lo aggiudica automaticamente.

Ovviamente non è possibile acquistare o vendere solo tramite "Asta", ma anche a prezzo di "Compralo Subito", ossia a prezzo fisso. Il venditore che non desidera far decidere agli acquirenti il prezzo finale di un prodotto, ma preferisce stabilirne direttamente il valore ultimo, lo vende ad un prezzo fisso e definito; ha quindi ben chiaro quale dovrà essere il suo costo finale e di conseguenza il suo margine di guadagno.

L'iscrizione a eBay è gratuita e fin da subito si può iniziare a vendere e acquistare familiarizzando con l'utilizzo della piattaforma. Attraverso un pannello di controllo personale ogni iscritto gestisce la propria attività sul sito e ogni utente può vendere o acquistare.

Ovviamente quello che interessa a chi effettua Dropshipping è la parte del vendere, mentre acquistare può essere utile solo in un primo momento, soprattutto per chi è nuovo del sito. Una grande caratteristica di eBay è che **ogni utente viene giudicato tramite i cosiddetti feedback** per la propria attività – di qualunque tipo essa sia – sul portale.

In base al comportamento tenuto durante gli acquisti o le vendite effettuate sul sito, ogni utente esprime il proprio giudizio sulla transazione, per cui si è in grado di capire se un acquirente o un venditore siano stati insolventi o meno. Questo è determinante per far sì che un ebayer (utilizzatore di eBay) possa intrattenere rapporti commerciali con un altro in tranquillità. Il sistema dei feedback si potrebbe definire un vero e proprio termometro di affidabilità.

Chiaro che chi si iscrive all'inizio avrà un feedback pari a zero, per cui è consigliabile, prima di vendere qualcosa, provare ad acquistare da ebayer seri (magari utenti PowerSeller, cioè utenti con feedback particolarmente numerosi e positivi che su eBay sono garanzia di correttezza e professionalità) in modo da ricevere quanti più feedback positivi e acquisire credibilità. Quindi il primo obiettivo, per chi non l'avesse già fatto, è quello di ottenere feedback positivi.

eBay dà inoltre la **possibilità di aprire un vero e proprio negozio online** e di riempirlo di infiniti prodotti. Si tratta di un vero e proprio store virtuale facilmente gestibile e addirittura pubblicizzabile al di fuori di eBay. Ne consegue che in qualunque momento puoi indirizzare i tuoi clienti verso il tuo negozio internet personale, contando su una vera e propria vetrina visionabile da chiunque ne sia interessato e che, soprattutto, sia messo in grado di conoscerla.

Come dicevo l'iscrizione a eBay è gratuita, quello che invece **si paga** sono le **inserzioni** che effettua un venditore per vendere i propri prodotti (una cosa esigua in confronto al numero di persone che vedranno il tuo oggetto in vendita e che potranno comprarlo, immagina a quanto dovresti spendere nel mondo reale in volantinaggio per raggiungere visibilità!) e una **commissione sul prezzo di vendita** di un prodotto in caso di esito positivo della transazione.

Anche il **negozio** eBay ha un costo mensile fisso a seconda del pacchetto scelto, *Base* o *Plus*, ma **permette di risparmiare notevolmente sui costi di inserzione di ogni oggetto**. In altre parole un venditore che mette in asta un suo oggetto nel formato standard paga più commissioni rispetto a uno che invece ha un negozio.

L'asta invece può, per chi ha un negozio eBay, servire a indirizzare i clienti al negozio stesso; rappresenta cioè una sorta di esca, nel senso buono della parola. Il negozio offre il vantaggio di acquistare senza passare prima dalle aste.

Appare evidente che in una fase iniziale dell'attività, per testare un po' le nostre vendite, venderemo i prodotti in formato di asta convenzionale. Quando le vendite subiranno un incremento, anche per ridurre i costi d'inserzione, provvederemo ad aprire un negozio eBay, risparmiando notevolmente. Come vendere su eBay? Ecco un prospetto sintetico:

1. Decidi **quale prodotto** vendere.
2. **Crea un'inserzione** usando foto e descrizione dei tuoi prodotti, specificando la durata dell'asta o stabilendo un prezzo fisso; elenca le modalità di spedizione e il tipo (o i tipi) di pagamento accettato.
3. Alla fine dell'asta **incassa** il pagamento.
4. **Spedisci** la merce al tuo cliente.

Siti annunci

Un altro efficacissimo mezzo di vendita online è quello dei siti annunci. Spesso gratuiti e visitatissimi, sono un modo molto economico ed efficace per vendere prodotti. Danno la possibilità di creare veri e propri annunci con fotografie e descrizioni dei prodotti, distinti per provincia e per categorie.

I siti annunci funzionano un po' come quei giornali di inserzioni che spesso vediamo distribuiti nelle metropolitane o come gli inserti dei quotidiani, dove migliaia di persone pubblicano i loro annunci che vengono visionati giornalmente da lettori in cerca di affari o quant'altro. L'**inserzionista pubblica un annuncio con tanto di recapito telefonico** e non resta che aspettare il contatto di un potenziale cliente interessato all'annuncio.

Il più delle volte questi siti richiedono un'iscrizione gratuita e, come per ogni sito, potrai gestire i tuoi annunci dal pannello di controllo personale. Ecco alcuni esempi di portali dedicati agli annunci:

- www.kijiji.it
- www.vivastreet.it
- www.secondamano.it
- http://annunci.tiscali.it
- www.subito.it

- www.bakeca.it
- www.annunci.it

La scelta di altri siti annunci è possibile con un motore di ricerca come Google, basta inserire la parola «annunci» nel campo di ricerca e otterrai molteplici link.

Iscriviti, comincia a pubblicare alcune inserzioni con i prodotti del tuo catalogo e testane gli effetti. Ma la cosa veramente interessante di questi siti è che avrai la possibilità di pubblicizzare, oltre che i tuoi prodotti singolarmente, anche il link del tuo negozio eBay o delle singole inserzioni, in modo da dirigere i tuoi potenziali clienti verso la tua vetrina virtuale.

A differenza di eBay sui siti annunci la credibilità di un venditore non è comprovabile immediatamente, per cui la formula base del Dropshipping può dover subire una piccola variazione.

Mi spiego meglio: normalmente un acquirente su eBay compra un prodotto da un venditore (tu) pagandolo in anticipo; il venditore (tu) incassa la somma, paga il suo fornitore e lui provvede alla spedizione del prodotto al cliente. In sostanza però l'acquirente paga prima il prodotto e poi lo riceve; il tutto è agevolato dal fatto che i feedback garantiscono una certa serietà al venditore eBay, per cui l'acquirente esperto si fida.

Al contrario, un sito annunci non presenta feedback per i quali un venditore viene classificato come credibile o meno, ragion per cui occorre dare delle **garanzie al compratore**. Una di queste potrebbe essere la **spedizione in contrassegno** al cliente o la **consegna direttamente a mano** se quest'ultimo è nella nostra stessa città di residenza.

Chiaramente per fare ciò occorre che noi abbiamo già in nostro possesso l'oggetto in vendita, in altre parole che acquistiamo noi dal fornitore il nostro prodotto per poi rivenderlo... Forse.

Ma come ovviare a tutto ciò? Semplice, una volta che un cliente è interessato al prodotto e vuole il contrassegno, ordinerai al fornitore il prodotto pagandolo tu in anticipo e dando disposizioni a lui di effettuare una spedizione in contrassegno con accredito a tuo nome o sul tuo conto corrente postale. In questo caso, una volta recapitato il pacco, il tuo cliente pagherà le poste che provvederanno successivamente a pagare te.

Spesso chi usa questo metodo si fa anticipare dal compratore almeno le spese di spedizione del contrassegno. Se invece il cliente esige una consegna a mano, a quel punto occorre per forza acquistare dal fornitore in anticipo. Da qui il motivo che a volte spinge un dropshipper a pubblicizzare su un sito di annunci non tanto un singolo prodotto, quanto il link diretto a un'inserzione eBay o al proprio negozio eBay.

Sito personale o aziendale

Non poteva mancare tra i metodi di vendita di un dropshipper un sito del tutto personale, che identifica un vero e proprio negozio online non appoggiato a qualche piattaforma (come eBay ecc.), ma del tutto indipendente, con tanto di spazio Web (detto hosting) e di dominio personalizzato, ad esempio: www.miosito.com oppure www.miosito.it.

Ovviamente un sito di e-commerce richiede alcuni investimenti, primo fra tutti lo **spazio web** che ospiterà il sito. Si dovrà poi stabilire il **dominio** del sito (o meglio il suo nome), la programmazione del sito stesso (quindi la possibilità di inserirvi al suo interno dei prodotti, di gestirli, variarne il prezzo, modificarne le descrizioni, aggiungerne ed eliminarne), la **grafica**, la **gestione dei pagamenti** e infine, cosa non meno importante, la **pubblicità**. Dovrai cioè far conoscere il tuo sito e far sì che raggiunga quanti più utenti possibili, per far loro acquistare i prodotti in catalogo.

Come spesso ho già detto non bisogna mai fare il passo più lungo della gamba, per cui cercherai di non avventurarti in cose che potrebbero crearti inutili spese e perdite; **gli investimenti andranno fatti, ma solo dopo che avrai guadagnato**.

È opportuno quindi che ti metta al corrente di come puoi avere un sito e-commerce tutto tuo, un servizio di spazio web e infine un dominio, tutto **gratuitamente**.

Incredibile! Ma non c'è nulla di più semplice; spesso è la mancanza di informazioni che ci impedisce di muoverci e la fretta di concludere fa sì che ci si perda per strada e si abbandonino i progetti.

Cominciamo dallo **spazio web**. Ovviamente questo non è un libro su come costruire un sito web, per cui sarà tuo dovere familiarizzare con i concetti qui esposti, farli tuoi, ma ho voluto comunque inserire almeno le informazioni basilari.

www.netsons.org è uno di quei servizi che mette a disposizione dello spazio web sul quale caricare un sito; supporta perfino formati PHP di pagine web e la possibilità di creare database MYSQL, cosa fondamentale per un sito e-commerce, e tutto questo **gratuitamente**. Non solo, ma comprende un dominio di secondo grado per il tuo sito e la creazione di un indirizzo email per i tuoi contatti. Esempio: miosito.netsons.org o www.miosito.netsons.org, e miosito@netsons.org. Il mio consiglio è quello di scegliere un nome dominio inerente al prodotto che vuoi vendere o che renda l'idea di ciò che tratti.

Ora immagina un foglio da disegno bianco che va riempito; questo è il tuo spazio web: un foglio bianco su cui dovrai posizionare i tuoi oggetti, foto, descrizioni e farli vedere agli altri, far sì che loro in qualche maniera li possano ordinare e pagare in modo da riceverli comodamente a casa. Per cui, una volta iscritto a Netsons.org, avrai a disposizione questo spazio su cui dovrai caricare il tuo sito.

Uno dei siti più belli e funzionali (gestisce anche i pagamenti online) di e-commerce scaricabile gratuitamente è **Opencart** (www.opencart.com).

Questo è un sito già pronto, base e molto funzionale, permette di inserire nuovi prodotti con nuove foto e altro. Non serve fare altro che scaricarlo sul proprio PC e caricarlo sullo spazio web tramite un file manager (**Filezilla** è ottimo, cercalo su Google e scaricalo gratis, dopodiché installalo sul tuo PC) e il gioco è fatto, in pochi minuti sarai in grado di visualizzare il tuo sito e-commerce.

La bellezza di Opencart sta nel fatto che il sito è completo; potrai inserire oggetti, far iscrivere utenti, spedire Newsletter, ricevere pagamenti ecc. e inoltre avrai un'area Administrator dalla quale potrai caricare prodotti, inoltrare ordini, variare prezzi e quant'altro, in tutta libertà.

Ora, chiaramente **bisognerà far conoscere il tuo sito** a quanti necessitano dei tuoi prodotti e questo potrebbe essere per molti motivo di scoraggiamento.

Apparentemente potrebbe sembrare una cosa difficile e dispendiosa, ma sia eBay che i siti annunci possono fare al caso nostro. L'uno perché una volta che un utente compra da te può essere indirizzato per gli acquisti futuri direttamente al tuo sito principale, così da permettere a te un ulteriore risparmio (in quanto non pagherai le commissioni a eBay). L'altro perché potrai, tramite annunci gratuiti, pubblicizzare direttamente il tuo sito e renderlo visibile a tutti.

Come puoi constatare tutti e tre i metodi di vendita elencati sin ora in questo libro sono indispensabili per realizzare le tue vendite, ma soprattutto sono interfacciabili tra loro. La cosa importante per ogni business è iniziare con poco e ridurre al massimo i margini di rischio, ma con il massimo della resa.

Generare acquisti da eBay o siti annunci, per poi dirottare e fidelizzare i clienti ad un sito personale, e quindi risparmiare notevolmente in pubblicità e campagne di marketing, è il primo passo per un sano avvio di attività sul Web, senza incorrere in investimenti esagerati.

E quando si ha la **tranquillità di testare e lanciare** la propria attività con calma, si ha anche e molto di più la possibilità di gestire gli investimenti, di raddrizzare una politica di commercio sbagliata e soprattutto di imparare con il tempo dai propri errori, migliorandosi con spirito critico e sincerità.

Questo senza subire l'assillo di una tensione finanziaria che fuorvia sempre dai reali obiettivi che inizialmente ci si prefigge per il proprio business. Ricorda che la tensione è sempre cattiva consigliera dei nostri affari.

Possedere quindi un sito personale dà la possibilità di poter completare il primo lavoro di vendita fatto su eBay o sui siti annunci, che in effetti si può definire un vero e proprio lavoro di promozione, di pubblicità e di lancio del sito e-commerce.

Chiaramente si dovrà cercare successivamente di fidelizzare i clienti e spingerli ad acquistare ancora da noi, con sconti o altre strategie mirate.

Importante: Di recente la legge italiana prevede che sui siti a scopo di lucro sia **visibile la Partita IVA**, pena una multa che varia dai 250 ai 1000 € circa.

Blog personale

Un blog costituisce una sorta di diario personale sul Web. Uno spazio, piattaforma, pagina, lavagna, chiamala un po' come vuoi, su cui esprimere pensieri, opinioni e quant'altro, ogni giorno e su qualsiasi argomento. Potrai parlare di politica, cinema, spettacolo, attualità, qualsiasi cosa a tuo piacimento.

In altre parole un blog è una sorta di vero e proprio sito sul quale scrivere continuamente ciò che si vuole. Non solo, chiunque può inviarti o leggere un commento o scriverti una email. È un mezzo potentissimo per farsi conoscere e conoscere gli altri, una sorta di vetrina sul Web di facile utilizzo, immediatezza e semplicità d'uso.

E mentre per alcuni un blog è semplicemente uno spazio su cui annotare i propri pensieri, per altri è diventato un **modo per esibire i propri prodotti di vendita**, un vero e proprio negozio insomma. Eh sì! Perché sempre più servizi di blog, oltre ad essere gratuiti, offrono l'opportunità di caricare sul proprio spazio Web foto e immagini che ovviamente tutti i visitatori possono visualizzare.

Capisci anche tu che chiunque potrà **ordinare direttamente dal tuo blog un prodotto** e il bello è che potrà commentare il proprio acquisto, lasciando una sorta di feedback (come in eBay) immediato, così da permettere a chiunque di comprovare anche la tua serietà. Questo attirerà molti acquirenti.

Ma la vera potenza di un blog è quella di essere facilmente pubblicizzabile. Ad esempio si possono inserire link tra i propri commenti lasciati su altri blog; in questo modo i vari visitatori ti potranno raggiungere anche da altri blog e il tuo negozio potrà ricevere moltissime visite, che ovviamente tu dovrai tramutare in acquisti. Scontato dire che potrai rimandare i tuoi visitatori al tuo sito personale o al tuo negozio eBay o a qualsiasi altra pagina vorrai che sia visitata … A te l'immaginazione!!!

Alcuni dei servizi che offrono l'apertura gratuita di un blog sono: www.blogger.it; www.myblog.it. Dopo una prima analisi dei blog offerti, iscriviti e dà sfogo alla tua immaginazione, inserisci prodotti, promozioni e qualsiasi cosa tu voglia pubblicizzare.

Per concludere il capitolo vorrei dire che le quattro opzioni di vendita elencate in questo capitolo dovranno sempre concatenarsi tra loro e in ognuno degli spazi (negozio eBay, sito personale, blog) o annunci creati dovranno esserci i link che riportano agli altri.

SEGRETO n. 1: I mezzi disponibili su Internet con i quali puoi vendere prodotti sono: eBay, siti annunci, sito personale e blog.

Cosa vendere

Nei miei trentuno anni di vita e di esperienze personali ho imparato a muovermi facendo **un passo alla volta**, poiché questo ti permette di fare esperienza e di minimizzare i rischi, nonostante siano sempre dietro l'angolo. Personalmente ho avuto per tredici anni ben due locali – pub serali per intenderci – e conosco bene il sistema fiscale italiano e soprattutto cosa serve per partire da zero in un'attività, come investire capitali, costituire una società ecc.

Ho seguito personalmente l'avvio, lo sviluppo e il consolidamento delle mie attività e ti posso garantire che **riuscire a ritagliarsi degli utili oggi dipende molto dalle idee**, dall'informazione che si ha, dalla qualità del servizio che si fornisce, dal rapporto con il cliente, da come si investe in pubblicità o altro, da come si ottimizzano le scelte e da come si dosano i margini di rischio.

Spesso le persone si buttano in imprese più grandi di loro solo per spirito di emulazione di grandi imprenditori e pensano che l'apertura di un'attività, qualsiasi essa sia, sia automaticamente indice e sinonimo di guadagno, ma non è così.

Come in tutte le cose occorre cultura e preparazione, **informazione** e soprattutto amore per il proprio lavoro. Spesso un'idea, per quanto bella possa essere, se non supportata da un'ottima supervisione può rivelarsi un fiasco.

Ma entriamo nel merito della questione, parliamo di un locale, così da riuscire a comprendere meglio di cosa sto parlando. È risaputo, soprattutto in Italia, che la maggior parte della gente quando è stanca del proprio lavoro decide, magari insieme a qualche amico, di aprire un bar.

Spesso il bar nell'immaginario collettivo rappresenta un lavoro certo e sicuro, alquanto remunerativo e soprattutto divertente. L'apertura della serranda di un bar o ristorante è certezza assoluta di guadagno, perché tanto sicuramente la gente entrerà e consumerà creando profitto per il gestore.

Ebbene, non è così, poiché **le variabili di successo** di un locale, come di qualsiasi altra attività, **sono molteplici**. Occorre analizzare innanzitutto che tipo di bar o locale sarà, quindi definire il target di riferimento, cosa offrirà, la grandezza e i posti a sedere e di conseguenza il massimo della capienza del locale stesso (questo è utilissimo alla determinazione dei massimali giornalieri di incasso dell'attività).

Si dovranno poi considerare altri particolari: l'affitto, il personale necessario, la posizione, la visibilità, i parcheggi per i clienti, il clima della zona e quindi la possibilità che il posto possa lavorare solo d'inverno o solo d'estate (o in entrambe le stagioni), quindi la presenza di uno spiazzo o giardino all'aperto o meno (questo aspetto, per la fretta di agire, viene trascurato e poi viene considerato quando i giochi sono fatti), perciò è bene valutare tutto prima.

In un luogo di mare bisogna far sì che il posto guadagni talmente tanto da poter sopperire al calo di lavoro invernale e questo bisogna calcolarlo prima, non nel corso del primo inverno.

È bene non trascurare anche il numero dei soci, poiché dovrà essere compatibile al fatto che **tutti i soci devono guadagnare**, per cui, in base a quanto detto prima, occorrerà che il posto abbia le potenzialità per permettere a tutti quelli che ci lavorano di sostentarsi.

Non parliamo poi degli inconvenienti che ci possono essere e che possono sorgere col tempo tra gli stessi soci del bar. Non dimenticare mai che quando si tratta di soldi anche il miglior amico può smettere di esserlo. Può accadere che se le cose vanno bene si è tutti amici, ma se vanno male è dura tenere i nervi saldi (questo vale anche per il familiare più intimo, ricordatelo sempre!!!).

Perfino l'arredamento, il bicchiere in cui si serve il vino o la Coca Cola, la giusta luce e quindi l'atmosfera sono determinanti per il successo di un'attività di ristorazione. Ovviamente questo non vuole essere un trattato su come aprire un bar o qualsivoglia attività di somministrazione, ma semplicemente un esempio di come una qualsiasi impresa debba essere analizzata prima di essere avviata, e queste regole valgono anche per il Web.

Per il Web infatti la solfa non cambia, conviene s**empre stabilire una strategia di vendita** in modo da non avere brutte sorprese. Quindi innanzitutto occorre darsi delle direttive:

1. Per prima cosa analizzare il **prezzo a noi riservato dal fornitore**, questo è fondamentale per riuscire a ritagliare un profitto dal venduto. In altri termini dobbiamo acquistare in modo conveniente: è inutile acquistare un lettore MP3 a 50,00 €, quando nella stragrande maggioranza degli altri siti viene venduto a 45,00 €. Capisci anche tu che non potrà mai essere concorrenziale.

Prova a digitare il nome del tuo prodotto in un motore di ricerca o su eBay tra le inserzioni scadute. Valuta qual è la media dei prezzi a cui viene venduto da altri utenti, in questo modo avrai l'esatta misura della tua concorrenzialità sul mercato.

Analizza, per la questione della dogana, di quale nazionalità è il fornitore, e se decidi di voler vendere nella nazione del fornitore stesso per evitare dazi doganali, occorre fare una ricerca di mercato sul sito eBay di quella nazione o su motori di ricerca del medesimo stato. Osserverai anche in questo caso la media dei prezzi degli oggetti simili al tuo e deciderai di conseguenza.

2. Altra cosa fondamentale, se decidi di vendere i prodotti nella nazione del fornitore, è **assicurarti che in quella nazione quei prodotti siano utili** e rispondano e soddisfino la domanda dei potenziali clienti di quel paese. Ad esempio sarà difficile vendere costumi da bagno in Russia, potrebbe essere più conveniente invece vendere giacche a vento.

Una cosa importantissima è **commerciare in paesi in via di sviluppo**, dove ancora devono radicarsi determinati bisogni, e non in stati in cui la merce che noi trattiamo o vorremmo trattare ha già raggiunto una certa saturazione di mercato. Un esempio pratico è quello di vendere cellulari, anche di vecchia data, in paesi in cui si sta sviluppando la telefonia mobile. Cerca sempre di sondare prima il mercato del paese in cui venderai. Ad esempio un vecchio Nokia 3200 in Italia o in altri paesi potrebbe non avere più mercato, in Romania, Marocco ecc. potrebbe invece rivelarsi un buon affare.

SEGRETO n. 2: Prendi accordi con i fornitori esteri per vendere nei loro paesi di appartenenza.

Ora ti do un suggerimento: **per vendere all'estero consiglio sempre eBay**, perché esiste in quasi tutti gli stati del mondo (www.ebay.com, www.ebay.co.uk, www.ebay.au, www.ebay.de ecc.).

3. Fa' sempre **riferimento al periodo in cui ti trovi a vendere**; in inverno andranno prodotti di un certo tipo, in estate di un altro tipo ancora. O ancora al periodo in cui una nazione intera va in ferie o prende le cosiddette tredicesime/quattordicesime, potrebbe essere particolarmente proficuo per alcuni prodotti. Come nel normale commercio offline esistono periodi di particolare calma in cui è difficile vendere alcuni prodotti ma rispetto al commercio offline sul web possiamo differenziare le vendite.

Come precedentemente accennato è opportuno svolgere alcune **indagini di mercato** per la vendita dei prodotti sulle varie piattaforme internet e occorre tenere presente alcuni punti fondamentali per la scelta del "cosa vendere".

Innanzitutto occorre capire, in base alla concorrenza, se il prezzo di acquisto dei nostri prodotti ci permette di avere dei margini di guadagno e quindi se siamo competitivi rispetto ad altri nostri avversari.

In secondo luogo occorre capire che tipo di richiesta esiste da parte dei clienti nei confronti della merce da noi trattata; in poche parole se il prodotto (o i prodotti) di cui disponiamo vende o stenta a trovare mercato. Quanto più il mercato richiede il nostro prodotto e noi lo offriamo a buon prezzo, tanto più riusciremo a vendere e ad accrescere i nostri affari.

Ma un altro fattore può determinare il successo dei nostri prodotti e cioè la loro **originalità e ricercatezza**, è il caso di oggetti particolari, oggetti d'arte, opere inedite, prodotti tipici ecc. In tutti i casi la sostanza non cambia, occorre effettuare delle ricerche di mercato prima di vendere qualsiasi cosa.

Ma vediamo come operare. Anche in questo caso ci sarà utile un motore di ricerca come Google oppure eBay. Ti anticipo sin d'ora che la ricerca di mercato che imposteremo può essere utilizzata anche per la ricerca di un fornitore, in quanto ci informa dei prezzi di mercato di un prodotto, per cui sarà facile valutare la bontà dei prezzi di acquisto di un determinato grossista.

Innanzitutto va sfogliato interamente il catalogo del nostro fornitore in modo da familiarizzare con i prodotti per noi disponibili. Una volta identificato un prodotto o più prodotti di nostro interesse provvederemo a ricercare lo stesso oggetto su altri siti di e-commerce, tramite un motore di ricerca e direttamente dal modulo di ricerca di eBay.

Chiaramente potremmo anche non trovare proprio *quel* prodotto, sarà sufficiente però analizzare oggetti con le stesse caratteristiche tecniche. Ad esempio un Lettore MP4 da 4 GB che legge formati AVI, MPEJ, WAV, MP3 ecc.

Ma entriamo nello specifico di quest'analisi:

eBay: dalla home page digitiamo nel campo di ricerca le caratteristiche base del nostro oggetto (es.: lettore MP3) e clicchiamo su «Cerca».

Dalla pagina dei risultati sulla sinistra e in basso, dal menù delle «Opzioni di ricerca» selezioniamo la casellina con la voce «Inserzioni Scadute» (se non è presente clicchiamo su «Personalizza» in fondo, dal modulo di sinistra selezioniamo «Inserzioni Scadute» e poi schiacciamo il pulsante «Applica

Modifiche», troveremo ora la voce della inserzioni scadute inserita nelle opzioni di ricerca).

Otterremo adesso una pagina con la lista degli oggetti venduti negli ultimi giorni appartenenti alla categoria da noi cercata. Noteremo subito i prodotti che sono stati venduti o meno negli ultimi periodi e soprattutto a quale prezzo, dato fondamentale per la nostra analisi.

Avremo l'**esatta cognizione del prezzo finale standard** di oggetti come il nostro e quindi l'esatta differenza tra il prezzo di vendita e il prezzo al quale lo acquisteremo dal nostro fornitore, di conseguenza potremo valutare il nostro possibile guadagno. In base a ciò sapremo esattamente se sarà conveniente o meno per noi vendere quel prodotto su eBay.

Analizzeremo ciò che gli altri ebayer fanno sul portale, condizioni di vendita, spedizione ecc., così da avere un'ottima panoramica della vendita dei prodotti che noi tratteremo o vorremmo trattare.

Una nota: i **prezzi su eBay spesso sono i più concorrenziali**; in altre parole sulla piattaforma eBay si trovano i prezzi più bassi in assoluto del mercato internet, ragion per cui sarà opportuno calcolare bene i propri margini di guadagno per riuscire a competere con questo mercato.

Google: con Google avviene più o meno la stessa cosa che avviene con tutti gli altri motori di ricerca, basta infatti digitare il nome del nostro prodotto nel campo di ricerca e osservarne i risultati, soprattutto i primi in lista. Potresti trovare altri siti che vendono il tuo stesso oggetto e renderti conto subito della tua competitività.

www.trovaprezzi.it, **www.shoppydoo.it**, **www.kelkoo.it**, **www.confrontoprezzo.it**, **www.ciao.it**: sono ottime fonti di ricerca e comparazione prezzi. Su questi motori di ricerca scoprirai quali negozi online vendono il tuo stesso prodotto e a quali prezzi, altro formidabile metro di paragone per le tue vendite.

Cerca un nome o tipo di prodotto e osserva se rispetto ai tuoi concorrenti sei più competitivo o meno. Il modo di ricerca è sempre lo stesso: inserisci il nome del tuo prodotto nel campo di ricerca e in base al risultato analizza quale store online vende un prodotto simile o uguale al tuo e a che prezzo.

SEGRETO n. 3: Scegli i prodotti giusti, quelli cioè che possono garantirti giusti margini di guadagno. Fa' la tua indagine nelle aste terminate su eBay o su siti di commercio online. Scegli anche i periodi giusti in cui vendere.

Un'altra cosa fondamentale da valutare prima di vendere in Dropshipping o in qualunque altro modo è capire cosa la gente sta cercando, di cosa necessita, quali sono i prodotti che vengono richiesti maggiormente dal mercato.

Su eBay esiste una sezione dedicata alla **domanda di prodotti**, la cosiddetta **area «Vorrei comprare»**; in questa sezione gli inserzionisti pubblicano un annuncio di ciò che cercano, nell'attesa che qualche venditore risponda loro e gli procuri l'oggetto ricercato.

Per accedere all'area «Vorrei comprare» occorre entrare nell'area personale e dal menù a sinistra nei «Link utili» cliccare sulla voce «Home page Vorrei comprare». Una volta fatto ciò, basta navigare nelle varie categorie per visualizzare le ricerche di prodotti da parte degli utenti eBay.

Questo dà un ottimo parametro di riferimento per la scelta di prodotti da vendere, poiché sono gli stessi utenti eBay, e quindi potenziali clienti, che chiedono di essere contattati per comprare della merce.

Sempre tramite eBay, al seguente link http://pulse.ebay.it/, è possibile effettuare un'analisi dettagliata di quei prodotti, divisi per categoria, che sono in assoluto più ricercati sul portale.

Puoi constatare personalmente che una volta venuti a conoscenza dei prodotti più ricercati, la nostra selezione dei prodotti da vendere sarà più che facilitata.

Altro metodo di ricerca di mercato è quello di utilizzare un motore di ricerca di parole chiave quale http://inventory.it.overture.com/d/searchinventory/suggestion/ o Good Keywords V2, un programmino scaricabile dal sito www.goodkeywords.com, o ancora su https://account.it.miva.com/advertiser/Account/Popups/KeywordGenBox.asp. Questi programmi permettono di inserire una parola chiave nei propri campi di ricerca e sapere quante volte quella parola è stata cercata sul Web.

Inserendo nel modulo di ricerca il prodotto o i prodotti che vorremmo vendere avremo in pochi istanti il risultato di quante persone nell'ultimo mese hanno cercato quel prodotto sul Web.

Testalo più volte digitando nel campo ricerca qualsiasi cosa e subito ti accorgerai dell'utilità di questo sorprendente metodo di ricerca. Questo strumento è utilissimo anche per pubblicizzare il proprio sito o i propri annunci e renderli visibili sul Web, ma di questo parleremo in seguito.

Ad esempio prova con: «lettore MP3», «DVD», «LCD» ecc. Ti renderai immediatamente conto di quante ricerche di tali prodotti vengono effettuate nel corso dei mesi nel Web. Analisi di mercato di questo tipo sono sempre state effettuate dalle grandi aziende italiane e del mondo, sia per il lancio di nuovi beni di consumo, sia per ricerche di marketing ecc.

Oggi con internet la cosa è decisamente cambiata e grazie a piccoli accorgimenti si possono effettuare ricerche di mercato per conto proprio e in modo del tutto gratuito ed efficace. In sostanza, prima di decidere a che prezzo vendere un prodotto, con un'attenta analisi si ha la possibilità di stabilire in anticipo una strategia di commercio.

SEGRETO n. 4: Per comprendere l'appetibilità di un prodotto effettua innanzitutto ricerche di mercato e la ricerca di parole chiave.

Una cosa che spesso faccio io per rendermi conto dell'appetibilità nel mercato di un servizio o di un prodotto è quella di moltiplicare i risultati di una singola parola chiave per il valore di 1 € e immaginare che l'1% delle persone che ricercano quel prodotto lo spendano nel mio negozio.

Se ad esempio Overture mi indica che la parola MP3 è stata ricercata 38.934 volte, l'1% di 38.934 è pari a 389,34, per cui se ognuno di queste 389,34 persone spendesse 1 € sul mio sito io incasserei 389,34 € in un mese: e se gli euro di spesa fossero 2 o 3 o 4 ecc? A te i calcoli!

È risaputo che nella stragrande maggioranza dei casi molti venditori optano per la commercializzazione di prodotti Hi-Tech o simili, che normalmente richiedono un servizio di post-vendita. In caso di prodotto difettoso o danneggiato dobbiamo essere sicuri delle condizioni di garanzia e di post-vendita del nostro fornitore.

Si capisce insomma che sarà possibile trovarsi nella condizione in cui dovremo farci rispedire l'oggetto venduto dall'acquirente per poi rimandarlo al grossista e farcelo sostituire.

Questa situazione può richiedere un ulteriore dispendio di denaro che spesso annulla i guadagni della transazione. La soluzione quindi sarebbe quella di **trattare esclusivamente prodotti che non richiedono servizi di post-vendita** o altro, in modo da non imbattersi in inutili inconvenienti.

Spesso a questo proposito vengono sottovalutati prodotti quali gli accessori in generale o materiale che è a corredo di altri oggetti, che il più delle volte si vendono benissimo e soprattutto non richiedono assistenza o servizi di post-vendita.

È il caso ad esempio delle custodie in silicone per gli Ipod o dei foderi per i cellulari, prodotti che sono acquistabili a basso prezzo e in stock; quindi non richiedono grossi sforzi economici e sono rivendibili con buoni margini di guadagno. Inoltre sono piccoli nel formato e "contengono" anche i costi di spedizione.

Eh sì, perché spesso si pensa a prodotti di grosso valore, ma che il più delle volte sono anche difficili da vendere e che in caso di rottura sono difficili da gestire, e si trascurano tipologie di prodotto molto più smerciabili e con margini di guadagno più ridotti, ma che garantiscono una certa continuità di vendita.

Una cosa che avviene spesso nel caso tu sia più propenso alla vendita di prodotti Hi-Tech è quella invece, in accordo con il fornitore (se è serio), di far inserire a quest'ultimo all'interno del pacco di spedizione per il cliente un **modulo di garanzia** che l'acquirente, in caso di problemi, potrà compilare. Sul modulo non sono riportati i dati del sito o il nome del fornitore, bensì i dati fiscali e l'indirizzo, o meglio, i dati societari del fornitore che provvede direttamente a trattare il servizio di post-vendita con il cliente.

Un fornitore che si rispetti comunque non praticherà mai a un qualunque cliente i prezzi destinati ai suoi dropshipper e questo te lo assicuro personalmente, anche perché guasterebbe il mercato.

SEGRETO n. 5: Valuta sempre il post-vendita e i suoi inconvenienti. Evita quindi prodotti che si possono rompere facilmente e che possono aumentare i resi. Punta piuttosto su oggetti che non richiedono assistenza.

Un altro consiglio, nella scelta di un prodotto da vendere, è quello di **valutarne la conoscenza**. Mi spiego: occorre vendere prodotti che conosci per una giusta consulenza al cliente e che soprattutto ti piace vendere. Sarà più facile vendere e più piacevole promuovere un prodotto in cui credi.

Questo non deve però fermarti; prova a spingerti oltre optando per merci che conosci un po' meno, ma che ti semplificheranno di molto il lavoro, nel senso che potrai semplicemente venderle ottenendo anche buoni margini, evitando inoltre i fastidi del post-vendita.

Non ho mai sentito dire di un venditore che si è rifiutato di vendere prodotti che lo rendevano ricco, solo perché la merce trattata non era di suo gradimento. Quindi il mio consiglio è, al limite, di provare a istruirti un po' su nuovi prodotti.

Il mercato si modifica sempre, è in continua evoluzione e **cambiare con il cambiare delle esigenze** è la migliore arma che hai per riuscire a perdurare nella tua attività. E poi il cambiamento fa sì che il tuo lavoro non assuma mai quell'aspetto di monotonia che alla lunga lo renderebbe comunque stancante e di conseguenza poco proficuo.

RIEPILOGO DEL CAPITOLO 2:

- SEGRETO n. 1: I mezzi disponibili su Internet con i quali puoi vendere prodotti sono: eBay, siti annunci, sito personale e blog.
- SEGRETO n. 2: Prendi accordi con i fornitori esteri per vendere nei loro paesi di appartenenza.
- SEGRETO n. 3: Scegli i prodotti giusti, quelli cioè che possono garantirti giusti margini di guadagno. Fa' la tua indagine nelle aste terminate su eBay o su siti di commercio online. Scegli anche i periodi giusti in cui vendere.
- SEGRETO n. 4: Per comprendere l'appetibilità di un prodotto effettua innanzitutto ricerche di mercato e la ricerca di parole chiave.
- SEGRETO n. 5: Valuta sempre il post-vendita e i suoi inconvenienti. Evita quindi prodotti che si possono rompere facilmente e che possono aumentare i resi. Punta piuttosto su oggetti che non richiedono assistenza.

GIORNO 3
I pagamenti online

Uno dei punti fondamentali per la riuscita di qualsiasi rapporto commerciale in Internet è quello dei pagamenti elettronici. Sul Web, a differenza dei normali rapporti commerciali offline, la trattativa può avvenire in ogni luogo del pianeta, tra utenti che distano tra loro anche diverse migliaia di chilometri, ragion per cui diventa impensabile seguire fisicamente ogni transazione economica.

Sia per incassare sia per effettuare i pagamenti dobbiamo necessariamente dotarci dell'occorrente per riuscire a portare a termine ogni operazione in totale **sicurezza e facilità**.

Fortunatamente negli ultimi anni, con lo sviluppo e l'incremento degli acquisti online, la tecnologia ha provveduto alla nascita di alcuni servizi che permettono tutto ciò, che sono a portata di tutti, facili da usare, economici e soprattutto sicuri. Mi riferisco a:

- Conto corrente bancario online
- Postepay e carte ricaricabili
- PayPal

SEGRETO n. 1: Scegli i sistemi di pagamento online: sono poco costosi e garantiscono sicurezza.

Conto corrente bancario online

Quasi tutte le banche italiane e internazionali oggi permettono, contestualmente all'apertura di un conto corrente ordinario, di gestire il suddetto conto via Web. Attraverso avanzati sistemi di sicurezza dalla home page del sito della propria banca si accede all'area personale del proprio conto corrente e in un istante si è in grado di visualizzare saldo, movimenti, effettuare ricariche telefoniche e bonifici bancari, il tutto restando comodamente seduti alla scrivania di casa o dell'ufficio.

E proprio il **bonifico** rappresenta uno dei metodi più diffusi per il pagamento poiché è **tracciabile**; è infatti possibile risalire in qualsiasi momento al mandante o al beneficiario del bonifico. È inoltre **economico**, il più delle volte è gratuito se effettuato tra clienti di uno stesso gruppo bancario e richiede poco più di 50 centesimi quando riguarda utenti di banche diverse.

L'unico **inconveniente** del bonifico è il **tempo** necessario al completamento delle transazioni, che spesso richiedono dai tre ai cinque giorni lavorativi per il loro completamento.

In sostanza grazie a un codice segreto, che tale deve rimanere, ogni titolare di conto corrente gestisce dal computer le proprie operazioni, basta conoscere la banca di riferimento, il numero di conto, il codice ABI, CAB, CIN del destinatario o beneficiario del bonifico e il gioco è fatto.

Come dicevo prima, oggi quasi tutte le banche offrono questo servizio di banca online, chi a pagamento, chi con l'esborso di un minimo contributo, ma tutte bene o male si sono adeguate all'esigenza di un servizio in rete.

Personalmente ritengo di doverti consigliare principalmente due gruppi bancari, tra quelli che forniscono il servizio in modo gratuito; questi inoltre prevedono costi di mantenimento del conto corrente bassi e convenienti. Si tratta di **BancoPosta** e **IwBank**.

SEGRETO n. 2: Opta per sistemi di pagamento che puoi sempre monitorare dal computer, in modo da gestire istantaneamente i tuoi acquisti e le tue vendite.

BancoPosta di Poste Italiane (www.poste.it) è un servizio comodissimo, poiché permette di depositare fondi o di prelevarli da qualsiasi ufficio postale – e in Italia ce n'è uno in ogni paese – e da qualsiasi sportello bancomat del circuito Maestro, Cirrus, EC ecc. I costi di mantenimento del conto si limitano alla sola imposta di bollo statale; il servizio **BancoPostaonline** è invece gratuito. Altro vantaggio è che chiunque può recarsi in un ufficio postale della propria città e ordinare un pagamento a tuo favore sul tuo conto corrente, anche senza possederne uno direttamente.

Apertura del conto BancoPosta

Recati nell'ufficio postale più vicino a casa e apri un conto BancoPosta; successivamente richiederai il servizio BancoPostaonline per controllare il tuo conto da Internet ed effettuare qualsiasi operazione da casa o dall'ufficio.

Registrazione al sito di Poste Italiane

Registrati a www.poste.it ed entro 24 ore riceverai il telegramma con un codice per attivare la casella di posta elettronica Postemail, dove ti saranno inviate tutte le comunicazioni relative al tuo BancoPostaonline.

Ingresso in BancoPostaonline

Successivamente all'attivazione della casella di posta elettronica Postemail si potranno utilizzare tutti i servizi informativi di BancoPostaonline, ma per le operazioni quali bonifici e altro è necessario un **codice dispositivo segreto** che riceverai al tuo domicilio in una busta sigillata nei giorni successivi.

Codice dispositivo

Per motivi di sicurezza il codice dispositivo segreto non sarà attivo al momento della consegna a casa; per cui, dopo aver letto le istruzioni di attivazione che riceverai nella tua Postemail, dovrai recarti nell'ufficio postale di appartenenza e procedere alla vera attivazione del codice.

Conto attivo

Una volta attivato tutto potrai quindi controllare la situazione del tuo conto, delle tue carte, il saldo, i movimenti ed effettuare bonifici, ricariche telefoniche ecc. Il tutto in estrema sicurezza poiché oggi sono in vigore sistemi in grado di garantire la massima affidabilità durante le transazioni bancarie.

Per entrare nella tua **area privata** dovrai infatti inserire una username e una password e poi, per effettuare operazioni bancarie, ti verranno chieste alcune cifre del tuo codice dispositivo, che ovviamente avrai solo tu e che dovrai provvedere a custodire gelosamente.

Attenzione! Da qualche anno è molto diffuso il fenomeno del **pishing**, ovvero l'abitudine di truffatori di inviare a clienti di banche email fasulle che contengono elementi di grafica o link come quelli della vostra banca. Nelle email i malintenzionati chiedono all'ignaro cliente di inserire prima username e password e poi il codice dispositivo. In buona sostanza riportano a siti fasulli con il solo intento di carpire le informazioni necessarie a manipolare i conti correnti dei truffati.

Ricorda che **nessuna banca chiede mai ai propri clienti dati sensibili o altro via mail** e se succede lo fa attraverso canali diretti o invitandoti direttamente presso gli uffici di sede. Per questa ragione il correntista che riceve email, apparentemente dalla propria banca, nelle quali compare la richiesta di inserimento codici o password deve cestinare il tutto, evitando così frodi.

IwBank (www.iwbank.it): altro gruppo bancario che permette i depositi e i prelievi in ogni ufficio postale o sportello bancario autorizzato. Vengono forniti bancomat, carta di credito, conto online ecc. gratuitamente e i costi di gestione sono bassissimi. Inoltre offre ottime convenzioni assicurative o di investimento e in più una piattaforma di trading online (per i palati più esigenti).

Ma ecco alcune caratteristiche specifiche del conto IwBank:

- Carta bancomat con prelievi illimitati gratis da qualsiasi sportello.
- Carta di credito senza spese e canone.
- IW Bag: la carta prepagata e ricaricabile di IwBank.

- Carnet assegni gratis.
- Bonifici gratis.
- Servizio di utilizzo conto via Web.

La Postepay

La Postepay è una carta di credito prepagata ricaricabile fornita da Poste Italiane, appartenente al circuito Visa Electron; può essere richiesta da chiunque al solo costo di 5 €. Funziona come una normale carta bancomat, con essa è possibile pagare i propri acquisti nei negozi o effettuare prelievi dagli sportelli, sia in Italia che all'Estero.

La carta è ricaricabile fino a un **massimo di 3000 €** e ogni operazione ha il solo costo di 1 €. Qualsiasi persona può versare contante sulla suddetta carta conoscendone il numero e l'intestatario.

In sostanza, un utente che desidera acquistare un prodotto da noi non deve fare altro che recarsi alla Posta ed effettuare un versamento sulla nostra Postepay.

La ricezione dei pagamenti è istantanea, per cui saremo in grado fin da subito di monitorare gli incassi e provvedere alla spedizione delle nostre merci. Postepay è sicuramente uno dei metodi più semplici e immediati per gestire i pagamenti elettronici. È inoltre un **sistema sicuramente economico** e alla portata di tutti.

Secondo il mio parere **è bene però associarlo comunque al conto PayPal** (di cui parlerò nel prossimo paragrafo), poiché questa carta non è coperta da assicurazione, per cui nel caso tu effettui un pagamento "a vuoto" non ti sarà rimborsato alcunché.

È il caso che ti racconti una mia esperienza. Una volta contattai un fornitore di cellulari, per l'esattezza di Motorola V3, che mi propose l'acquisto di uno stock di telefoni a prezzo veramente interessante. Ebbene, per avere tutte le sicurezze del caso mi feci inviare documenti, fatture d'ordine, domicilio, numeri telefonici fissi e quant'altro per essere sicuro di non essere truffato, fino a che mi convinsi che l'affare si poteva fare.

Commisi però un unico e **fatale errore**, cioè quello di **pagare in**

anticipo la merce e per di più con carta PostePay, inoltre non da conto PayPal – in quel caso avrei recuperato parte dei soldi –, bensì direttamente da un ufficio postale.

C'è da premettere, caso veramente estremo, che il truffatore non usò documenti falsi o sotterfugi di sorta per camuffare la sua identità, al contrario utilizzò i suoi reali dati anagrafici, per cui immagina il mio stupore. Fatto sta che persi 1400,00 € in una mattina di gennaio e non mi rimase che sporgere denuncia verso l'impostore, che oltre a me aveva già truffato altre persone e nonostante tutto viveva ancora in completa libertà.

Il truffatore probabilmente era a conoscenza del sistema "Giustizia Italia"; si mosse così indisturbato rubandomi i soldi e infischiandosene altamente delle conseguenze del suo gesto, poiché ben conscio del fatto che nessuno l'avrebbe mai punito. In sostanza se quella mattina avessi pagato tramite PayPal oggi avrei recuperato parte del mio denaro.

SEGRETO n. 3: Usa la Postepay associata con l'account PayPal, a meno che cliente o fornitore non ti siano più che

conosciuti. La Postepay da sola non dà garanzie su chi ti paga.

PayPal

È sicuramente il metodo più diffuso per l'acquisto e la vendita online. Si tratta di un circuito **internazionale** che permette la gestione di ogni tipo di transazione, consente pagamenti immediati da ogni parte del mondo e assicura i tuoi acquisti per un massimo di 1000 € in caso di truffa.

PayPal funziona come un vero e proprio conto virtuale, in qualsiasi istante della giornata un utente può entrare nel pannello di controllo personale ed effettuare operazioni.

L'apertura del conto è gratuita e gratuite sono anche le operazioni di acquisto effettuate tramite PayPal. Quello che invece **si paga** è **la ricezione dei crediti**, per cui un venditore paga una commissione a PayPal in base all'importo ricevuto.

Quanto a costi forse è uno dei servizi più cari, ma è senz'altro uno dei più affidabili, nonché certamente il più diffuso tra gli utenti che acquistano in Internet. Questo fa sì che molti acquirenti preferiscano venditori che accettano pagamenti con PayPal, proprio perché PayPal effettua controlli di sicurezza periodici nei confronti dei propri iscritti.

PayPal è molto utile poiché permette ad ogni venditore di ricevere pagamenti non solo da chi è iscritto e possiede un conto sulla piattaforma, ma anche da tutti quegli utenti che possiedono una carta di credito o carta ricaricabile come ad esempio Postepay.

In poche parole si potranno ricevere pagamenti da chiunque. C'è da dire che PayPal, all'atto dell'iscrizione, ti chiederà un conto corrente o una carta di credito (va bene anche Postepay) di appoggio a cui fare riferimento per i tuoi acquisti o le tue vendite.

In altre parole quando acquisti un prodotto PayPal preleverà i fondi necessari al pagamento di tale prodotto dal conto o dalla carta di appoggio da te segnalati al momento dell'iscrizione e li trasferirà a chi ti ha venduto il prodotto in questione e cioè al beneficiario.

Allo stesso modo, quando riceverai un **pagamento**, in un primo momento sarà versato sul conto PayPal, ma **per usufruirne fisicamente occorrerà trasferire il denaro sul conto corrente** della tua banca o sulla tua carta di credito. Questo è uno dei motivi per cui consiglio l'acquisto di una carta Postepay e successivamente di appoggiare il conto PayPal sulla medesima Postepay. Per qualsiasi informazione consulta il sito www.paypal.it.

Come funziona PayPal? C'è subito da premettere che PayPal è una società del gruppo eBay. I conti aperti in Italia sono più di un milione e nel mondo più di 100 milioni; questo significa che è un circuito molto utilizzato e gradito, in altre parole avrai più possibilità di ricevere acquisti.

Il conto si apre gratuitamente; inserendo i propri recapiti e una carta di credito di appoggio si ha diritto ad usufruire dei servizi PayPal. Ricorda inoltre che:

- Compili il modulo online con i dati della tua carta di credito o prepagata.

- Per inviare un pagamento è necessario sapere l'indirizzo email del destinatario.
- Se il conto PayPal è vuoto il denaro per il pagamento viene prelevato d direttamente alla carta, per cui non è necessario avere fondi direttamente sul conto.

Ma vediamo nel dettaglio le tariffe PayPal:

- **Apertura conto**: gratis.
- **Invio pagamenti**: gratis.
- **Prelievo fondi**: gratis per un importo pari o superiore a 100,00 €; 1,00 € per un importo pari o inferiore a 99,99 € per i conti bancari in Italia.
- **Ricezione pagamenti**: per vendite mensili tra 0,00 e 2.500,00 € commissioni pari a 3,4% + 0,35 €; vendite mensili tra 2.500,01 e 10.000,00 € commissioni del 2,7% + 0,35 €; vendite tra 10.000,01 e 100.000,00 € commissioni del 2,2% + 0,35 €; vendite maggiori a 100.000,00 € commissioni dell'1,8% + 0,35 €.

Una delle funzioni più utili di PayPal riguarda la possibilità di inserire dei veri e propri **pulsanti di pagamento** all'interno dei propri siti e-commerce e questo permette di direzionare il cliente che acquista da noi direttamente verso il nostro conto PayPal. È possibile inserire questi pulsanti anche nelle email, per cui questa funzione è molto comoda nel caso in cui si debba inviare una richiesta di pagamento particolareggiata a un proprio cliente.

Ti cito infine altri metodi di pagamento, che però in Italia sono meno noti: **Neteller** ed **E-gold.** Entrambi sono conti correnti online molto conosciuti e ritenuti affidabili soprattutto all'estero. Puoi informarti sui rispettivi siti www.neteller.com e www.egold.com.

SEGRETO n. 4: PayPal dovrebbe essere più che sufficiente, ma potresti necessitare di conti Neteller o E-gold, soprattutto se operi con l'estero.

Un suggerimento: viste le numerose truffe verificatesi su Internet negli ultimi anni, evita assolutamente di accettare pagamenti tramite Western Union o Money Gram da sconosciuti. Questo può essere un buon metodo di pagamento se conosci **bene** il cliente o il fornitore, altrimenti è assolutamente da evitare!

Succede che chiunque può riscuotere denaro con questi mezzi e spesso i truffatori rubano, ad esempio, gli account eBay (cosa molto difficile visti i rigidi sistemi di sicurezza di eBay) o codici bancari di onesti utenti, simulano aste online o altre vendite e incassano poi con Western Union con un unico risultato: tu avrai pagato l'oggetto, il truffatore avrà ricevuto i soldi e sarà già scomparso nel nulla.

SEGRETO n. 5: Evita mezzi di pagamento non sicuri e non monitorabili.

RIEPILOGO DEL CAPITOLO 3:

- SEGRETO n. 1: Scegli i sistemi di pagamento online: sono poco costosi e garantiscono sicurezza.
- SEGRETO n. 2: Opta per sistemi di pagamento che puoi sempre monitorare dal computer, in modo da gestire istantaneamente i tuoi acquisti e le tue vendite.
- SEGRETO n. 3: Usa la Postepay associata con l'account PayPal, a meno che cliente o fornitore non ti siano più che conosciuti. La Postepay da sola non dà garanzie su chi ti paga.
- SEGRETO n. 4: PayPal dovrebbe essere più che sufficiente, ma potresti necessitare di conti Neteller o E-gold, soprattutto se operi con l'estero.
- SEGRETO n. 5: Evita mezzi di pagamento non sicuri e non monitorabili.

GIORNO 4

Sistemi per comunicare e fidelizzare

Un fattore di importanza fondamentale per la vendita online è la comunicazione "venditore-cliente-venditore"; questa è necessaria per la gestione di qualsiasi trattativa. Anche questa volta Internet ci viene incontro e ci permette di usufruire di servizi gratuiti che ci possono far risparmiare molto e di conseguenza riducono ulteriormente inutili esborsi di denaro.

Software di ultimissima generazione ci permettono di **parlare, scrivere, chattare** con persone che vivono in città diverse dalla nostra o addirittura di altri stati, il tutto in tempo reale e in perfetta rapidità e soprattutto **gratis**. Si tratta di mezzi di comunicazione che sostituiscono il costoso telefono, il fax o il cellulare.

SEGRETO n. 1: Elimina i costi di comunicazione utilizzando i servizi gratuiti messi a disposizione dal Web; basta avere un

PC e una connessione ADSL.

Ma veniamo ad elencare alcuni tra i più importanti mezzi di comunicazione disponibili oggi sul Web e di pubblico utilizzo:

- E-mail
- Skype
- Messenger
- Telefono
- Cellulare

Email

Le email sono forse il mezzo che per primo si è imposto sul Web come mezzo di comunicazione. Sono vere e proprie lettere elettroniche istantanee tramite le quali si possono spedire documenti, foto, file audio, filmati e quant'altro. Questo strumento è molto utile per la spedizione di contratti o descrizioni dettagliate con fotografie dei nostri prodotti, condizioni di vendita, proposte di acquisto ecc., tutto con la velocità di un battere di ciglia.

Prova a immaginare il risparmio di tempo del quale beneficiamo nel momento in cui non dobbiamo più andare alla posta, spedire una lettera o altro documento, attenderne l'arrivo dopo giorni e attendere successivamente una risposta e per di più pagando.

Oggi basta uno scanner e un programma di posta elettronica per recapitare un qualsiasi stampato o documento a chiunque abbia un indirizzo email. Avere un'email non costa nulla e provider che forniscono servizi mail ce ne sono moltissimi: Tiscali, Virgilio, Hotmail, Libero, Alice ecc., basta semplicemente iscriversi ai suddetti portali per avere in pochi secondi un indirizzo di posta elettronica e poterne usufruire.

L'importanza di un indirizzo email quindi si traduce nell'**immediatezza dell'invio o ricezione di qualsiasi comunicazione**, nella velocità e facilità di utilizzo.

Una cosa importantissima è quella di conservare sempre gli indirizzi di posta elettronica dei propri clienti, in modo da poter inviare loro aggiornamenti, promozioni, sconti e altro. Potrai aggiornarli periodicamente sui prodotti da te trattati e sulle evoluzioni del tuo commercio, in modo da fidelizzarli e spingerli a nuovi acquisti presso il tuo store online.

Skype

Una vera e propria rivoluzione nel mondo della comunicazione via Web è senz'altro rappresentata da Skype, **software gratuito** scaricabile dal sito www.skype.com. L'importanza di Skype è fondamentale per meglio operare in un'attività di commercio online in quanto permette, in modo totalmente gratuito, di parlare come se fosse un vero telefono con utenti che abitano in qualsiasi parte del mondo e che posseggono un collegamento ADSL.

Per scaricare il software è sufficiente andare sul sito, registrarsi e creare un account fornendo un nickname (può essere il nome del tuo negozio online) che rappresenterà il tuo identificativo nella rete, attraverso il quale sarai rintracciabile dagli altri utenti iscritti a Skype, nel nostro caso clienti e fornitori.

Una volta registrato al portale e scaricato il programma sul computer non dovrai far altro che installarlo, munirti di **un paio di cuffie e di un microfono** in modo da poter fisicamente parlare e nello stesso tempo ascoltare i tuoi interlocutori.

Tengo a precisare che **la comunicazione tra utenti Skype è totalmente gratuita**, anche da diversi continenti. È possibile invece chiamare numeri di telefono fissi o di cellulare a tariffe estremamente competitive creando un conto Skype e utilizzando un addebito su carta di credito. I costi, credimi, sono davvero irrisori.

Attraverso il software di Skype potrai dare informazioni a clienti che lo necessitano, utilizzando quindi la piattaforma per proporre un vero e proprio servizio di assistenza. Skype permette inoltre di chattare in tempo reale o inviare file di ogni tipo. Ma vediamo in dettaglio cosa è possibile fare con Skype:

- **Chiamare gratuitamente utenti** (cioè clienti) di ogni parte del mondo che hanno scaricato sul loro computer il programma e ricevere dagli stessi chiamate. Basta possedere il loro nickname Skype e aggiungerli alla tua rubrica clienti. Le chiamate su Skype sono sicure poiché criptate con sistemi all'avanguardia.

- **Chiamare utenti "non Skype"** su telefoni fissi e cellulari a partire da 0,017 centesimi di euro per le 30 destinazioni più richieste + un esiguo scatto alla risposta (qui trovi l'elenco in dettaglio delle tariffe Skype, regolate in base al paese in cui ti trovi: http://www.skype.com/intl/it/prices/callrates/). Il pagamento è a consumo e avviene tramite caricamento di un conto Skype.

- Tenere **teleconferenze con un massimo di nove persone** anche se queste utilizzano telefoni cellulari o telefoni fissi; è una funzione utilissima per parlare in uno stesso momento con i propri collaboratori o col proprio personale.

- Uno strumento potentissimo di **marketing e di pubblicità** è lo **Skypecast**. Lo Skypecast è uno strumento che permette di effettuare chiamate di massa ospitate su Skype con un massimo di 100 utenti in tutto il mondo e il tutto sempre gratuitamente. In altre parole si può partecipare o creare mega conversazioni e far sì che altri utenti ti conoscano e che tu conosca loro.

Pensa ora a quanti dei tuoi clienti contemporaneamente possono sapere dell'uscita di un nuovo prodotto o addirittura dell'apertura del tuo negozio online. Ti basterà partecipare ad alcune

Skypecast o crearne di tue e presto persone interessate a ciò che proponi ti interpelleranno. Le Skypecast rappresentano una sorta di **stazione radio personale**, dove potrai rispondere alle domande dei tuoi ascoltatori direttamente.

- Utilizzare un **trasferimento di chiamata** vero e proprio verso un cellulare o un numero fisso o su entrambi e non perdere così l'opportunità di essere rintracciato.

- Un ulteriore opportunità è data dallo **Skypephone di 3**, grazie al quale è possibile effettuare gratis chiamate verso i tuoi contatti Skype utilizzando un cellulare, anche se non sei in casa o collegato a Internet. Questo si traduce nella possibilità di essere rintracciato ovunque, anche fuori dal tuo ufficio. Non solo: potrai **spedire SMS o foto con le tue promozioni** o altro senza spendere un euro. Immagina di voler divulgare una particolare promozione ai tuoi clienti: potrai farlo in un attimo e in modo gratuito.

- Effettuare **videochiamate** utilizzando una normale webcam; in questo mood potrai far vedere realmente i tuoi prodotti ai tuoi clienti e inoltre in modo gratuito, esattamente come per le normali chiamate.

- Effettuare sempre e gratis **foto istantanee durante una videochiamata** e spedirle in tempo reale al tuo interlocutore.

- Skype offre l'opportunità di **chattare con una o più persone**, spesso infatti può risultare utile aprire una "chat conferenza" e comunicare per iscritto un indirizzo web o una pagina del tuo sito dove riporti informazioni utili o promozioni varie, cosa che localmente sarebbe invece più complicato fare.

- Sempre attraverso Skype potrai **inviare file PDF, di testo o altro** in tempo reale. Potrai inviare così listini prezzi o volantini promozionali; sarà semplice, veloce, comodo e gratuito.

- Altra funzione utilissima è la **possibilità di inserire messaggi o video nella propria area personale,** in modo che chiunque ti abbia inserito fra i suoi contatti potrà leggerli o visualizzarli in modo automatico. Inutile dire che anche questo è un ottimo mezzo di divulgazione e che se ben usato può regalare molte vendite in più.

- È recente la possibilità di **effettuare o ricevere pagamenti tramite PayPal** direttamente dal pannello di controllo di Skype. Tramite l'apposito pulsante potrai inviare denaro o riceverlo direttamente dal o sul tuo conto PayPal.

- Skype prevede ancora la possibilità di **creare dei pulsanti** posizionabili sui propri siti personali in modo che gli utenti, cliccandoci sopra, possano inviarti direttamente una chiamata Skype o più semplicemente potranno indicare loro la tua presenza o meno in Internet. C'è comunque da dire che Skype offre l'opportunità di collegarsi in maniera "invisibile" al programma, questo nel caso in cui tu abbia necessità di non essere contattato in un determinato momento del collegamento.

Messenger

Messenger fornisce lo stesso servizio di Skype, è prevalentemente un servizio di messaggistica istantanea del Web di proprietà della Microsoft ed è possibile scaricarlo gratuitamente dal sito www.msn.it.

Anche per questo programma è sufficiente l'utilizzo di un microfono e di cuffie per poter parlare con altri utenti in linea. Prevede la possibilità di invio file – funzionalità utile anche in questo caso per la presentazione di prodotti a clienti e fornitori – e di chattare.

Sia con Skype che con Messenger è possibile inoltre collegare una webcam; i questo modo si ha l'opportunità di fare delle vere e proprie videochiamate o videoconferenze con altre persone.

Capisci da solo che le possibilità sono infinite e che i costi di gestione delle tue comunicazioni sono praticamente uguali a zero. Potrai far toccare con mano ai tuoi clienti la tua presenza e quindi la tua serietà, sapranno che tu e la tua attività esistete, siete tangibili e presenti in ogni momento.

Cos'è possibile fare con Messenger? Il funzionamento di Messenger è molto simile a quello di Skype: per prima cosa occorre **creare un account**, che dovrai comunicare ai tuoi clienti; meglio usare anche in questo caso il nome del tuo negozio. Inoltre:

- La **funzione base** è quella che prevede la possibilità di **chattare** con i contatti appartenenti alla propria lista personale, in maniera testuale e ovviamente gratuita.

- Messenger prevede la possibilità di effettuare **chiamate e videochiamate gratuite fra utenti Messenger**. Ti basterà selezionare un contatto per avviare l'una o l'altra e parlare in totale libertà anche per ore senza spendere un soldo.

- Messenger offre inoltre un **servizio di invio SMS** che ti permette di inviare messaggi a numeri di cellulare. Il pagamento del servizio dipende dal tuo operatore di telefonia.

- Nell'utilizzo di Messenger è contemplata anche la **condivisione dei file** e, così come per Skype, è gratuita e istantanea.

- Messenger offre un **servizio TV** che permette la visualizzazione di veri e propri canali; questi sono divisi per argomento e potrai sceglierli a tuo piacimento. Questa è però per lo più una funzione ludica del programma e poco ha a che fare con una funzione di marketing.

- Anche in Messenger è possibile **impostare un messaggio personale visibile a tutti i tuoi contatti**, molto utile per raggiungere in modo immediato i tuoi clienti e far sì che leggano gli annunci loro indirizzati.

Come avrai notato anche Messenger costituisce un ottimo, sicuro e importante sistema di comunicazione, anche se a mio parere è più adatto ad un **pubblico di giovani**, che è solito usare il PC per scopi non propriamente lavorativi. Inoltre, sebbene sia un ottimo prodotto, non offre tutta la gamma di servizi offerti da Skype, che sono sicuramente più utili ad uno scopo lavorativo.

Sento però di consigliare l’utilizzo e l’apertura di un account Messenger più che altro per permettere a chi tra i tuoi clienti non utilizza ancora Skype di raggiungerti; in questo modo amplierai le tue possibilità di contatto.

Telefono

Negli ultimi anni, come per le linee ADSL, le compagnie

telefoniche hanno messo a disposizione dei propri clienti tariffe *flat* che consentono di chiamare i telefoni fissi di tutta Italia a qualsiasi ora e senza costi aggiuntivi rispetto al canone del servizio.

Ciò significa che restare al telefono un'ora o tre ore di fila **non ti costerà nulla al di fuori del costo fisso** che il tuo gestore di telefonia avrà fissato per il servizio.

È il caso di Telecom, ad esempio, che offre un costo forfettario mensile di 15,00 € per chiamare chiunque e a qualsiasi ora. Questa ovviamente è un'offerta molto indicata per chi necessita di comunicare al telefono per molto tempo e molte volte in un giorno solo, con clienti e fornitori. Ovviamente per l'**estero è consigliabile utilizzare Skype** con addebito su carta di credito.

Cellulare

L'unico sistema per risparmiare col cellulare è quella di ricercare anche in questo caso tariffe *flat*, quelle cioè che ti permettono di parlare molto tempo al telefono in cambio di un costo fisso mensile.

C'è comunque da dire che **3** fornisce un servizio che ti permette di integrare Skype al tuo telefonino, quindi di sfruttare le stesse funzionalità di Skype dal cellulare e non per forza collegato al tuo computer. Questa è un'ottima soluzione per risparmiare notevolmente sui costi di comunicazione.

Anche **Tim** promuove una carta messaggi che al solo costo di 1 € permette di spedire in uno stesso giorno circa 500 messaggi. È uno strumento molto utile nel caso in cui si possegga una rubrica contatti molto fornita e si desideri raggiungere il maggior numero di clienti in una volta sola e velocemente.

Un suggerimento: assicurati sempre di avere l'**autorizzazione da parte dei tuoi clienti** a spedire loro comunicazioni o messaggi promozionali tramite SMS, email o altro ancora, per non incorrere in violazioni della privacy.

Al primo acquisto o al primo contatto con un cliente devi sottoporgli sempre la possibilità di esprimere il proprio consenso in merito alla ricezione di comunicazioni a lui riservate, facendogli sottoscrivere via mail o su cartaceo un'autorizzazione al trattamento dei dati personali e al ricevimento di materiale promozionale.

SEGRETO n. 2: Fa' sempre sottoscrivere autorizzazioni al trattamento dei dati personali e all'invio di materiale pubblicitario prima di iniziare qualsiasi azione di marketing.

Come fidelizzare i tuoi clienti

Ho pensato di dedicare un intero paragrafo a questo argomento, perché la fidelizzazione è ciò che spinge un nostro acquirente a ritornare a comprare da noi. Costituisce quindi una fonte di guadagno costante nel tempo e di sostentamento futuro.

Un **cliente soddisfatto è un cliente acquisito** e ciò aiuta a prolungare la vita della nostra attività. Tengo a premettere che non sono assolutamente d'accordo con chi asserisce che «il cliente ha sempre ragione», anzi, molti clienti, una volta persi, rendono più facile il nostro lavoro e talvolta lo migliorano.

Mi spiego meglio con un esempio più pratico e legato alla vita lavorativa di tutti i giorni. Tornando all'esempio del bar, quando l'ho aperto lo avevo rilevato da una gestione poco felice, ragion per cui anche l'immagine ne risultava compromessa. E si sa che quando nell'immaginario della gente la gestione di un bar non gode di buona fama viene evitato, con l'unica conseguenza di essere sempre completamente vuoto.

Ebbene, una volta acquistato questo locale (ovviamente avevo messo in conto anche questo), sapevo di doverlo tirare su e anche in fretta se volevo vedere i primi guadagni per ripagare i debiti. Ricordo i primi tempi in cui rimanevo aperto delle ore e incassavo veramente poco e le persone che notavano questa cosa, anche in virtù del fatto che nelle gestioni precedenti il bar era sempre vuoto, non facevano altro che ripetermi che avevo fatto uno sbaglio e che avrei fatto meglio a comprare un altro locale, senza sapere che dentro me invece c'era un preciso piano d'azione.

Credimi, è in queste circostanze che qualunque imprenditore, in qualsiasi attività, non deve assolutamente perdere la testa, anche quando c'è un socio che rema in senso contrario, come nel mio caso, e la cassa non ride (per dirla in gergo) particolarmente. È lì che si devono **mantenere salde le proprie idee e il proprio obiettivo**, crederci fino in fondo, senza prestare attenzione ad alcuna provocazione esterna, agendo con coscienza e per il bene della propria attività.

La prima cosa che feci, nonostante avessi un gran bisogno di clientela, fu proprio quella di **eliminare la vecchia clientela**, il che apparentemente poteva sembrare nocivo, ma alla fine si rivelò motivo di rinnovamento del locale. Soltanto tagliando con il passato potei acquisire una nuova clientela, che proprio per la presenza dei vecchi e "pochi" clienti non era mai entrata nel bar.

Ora immagina un bar in centro città, tutto in pietra viva con travi di legno a vista, molto caratteristico e particolare nel suo genere, stupendo nell'arredamento, frequentato però da bulli di paese e gente di scarsa educazione e inoltre gestito da un altrettanto sprovveduto e rozzo barista.

Quale è l'unico risultato che si può ottenere da un locale del genere? La risposta è ovvia. Nonostante l'immagine, il bar era frequentato da persone che, oltre a spendere poco, tenevano lontani i numerosi clienti che invece avrebbero voluto frequentare il posto e ne avrebbero senz'altro accresciuto gli incassi.

Non solo, ma anche la **qualità del servizio** offerto non poteva che soddisfare un solo tipo di target, per cui è semplice comprendere quali fossero i punti deboli delle precedenti gestioni.

Decisi allora di stravolgere radicalmente ogni cosa, migliorando l'immagine, il servizio e tutto il necessario. Dopo pochi mesi di iniziale patimento il locale cominciò a popolarsi di clientela giusta, positiva, che portò altra clientela e soprattutto, pensa un po', disposta anche a pagare di più in cambio di un ottimo servizio.

Ma la cosa che contò più di tutto fu poi fidelizzare questi clienti con iniziative, sconti, promozioni e quant'altro servisse a farli tornare, in modo da farli diventare rendita. Questo, chiaramente, senza perdere mai di vista il guadagno, che rappresenta il sostentamento dell'attività.

Eh sì, perché **fidelizzare i propri clienti non significa** solamente, come molti pensano, **fare una corsa al ribasso dei prezzi**. Il più delle volte questo ragionamento porta alla distruzione della propria attività a favore dei concorrenti.

Ti farò un altro esempio pratico: spesso mi è capitato di vedere su eBay un venditore che proponeva un prodotto al prezzo X; dopo qualche tempo si presentava un altro venditore che metteva in vendita lo stesso prodotto a X-2, l'esito di questa manovra era ovvio: il venditore A non vendeva più un articolo e il venditore B si accaparrava *momentaneamente* tutte le vendite di quel prodotto, rinunciando però a un miglior guadagno.

A questo punto il venditore A abbassava ulteriormente il prezzo a X-3 per cercare di recuperare terreno sul concorrente, che a sua volta abbassa il prezzo a X-4 e così via. Questo tipo di corsa al ribasso porta essenzialmente a tre conseguenze:

1. La **fuoriuscita dal mercato del prodotto**, che prima o poi raggiunge un prezzo troppo basso per poterne avere dei margini di guadagno.

2. La **rinuncia** da parte di entrambi i venditori di una buona fetta di **guadagno** su di un prodotto che avrebbero potuto benissimo vendere entrambi a X.

3. Lo **scarso potere di fidelizzazione** di un venditore, che si vedrà soffiare i clienti ogni qualvolta ce ne sia uno che vende i suoi stessi prodotti a un prezzo minore.

Abbassare i prezzi dei propri prodotti per vincere la concorrenza non è mai il metodo più efficace per fidelizzare i propri clienti, questo anzi uccide un'attività, poiché la costringe a non guadagnare. Uno sconto può essere efficace, però sull'acquisto di più prodotti contemporaneamente o su di una certa continuità d'acquisto nel tempo da parte di uno stesso cliente, o in entrambi i casi.

Ma facciamo un esempio pratico: mettiamo in vendita un nostro prodotto a prezzo X; un cliente lo acquista e contemporaneamente acquista un altro prodotto al prezzo Y. A quel punto il mio consiglio è di fare uno sconto sul secondo prodotto, poiché acquistato insieme al primo, di Y-2. Capirai anche tu che comunque avremo realizzato in una sola vendita un guadagno di X+(Y-2), guadagnando, oltre al denaro, anche il favore del nostro cliente, che sicuramente gradirà e sentirà di aver ottenuto un ottimo servizio.

Addirittura potremmo regalare il secondo prodotto senza rinunciare al guadagno sul primo, che è quello che ci permette di portare a casa la giornata.

Prova a fare un calcolo: un prodotto che alla fonte ci costa 10 € lo vendiamo a 25 €, il guadagno netto sarà di 15 €, quindi piuttosto che correre al ribasso rinunciando a un buon guadagno su ogni singolo prodotto, potremmo vendere in promozione un altro prodotto al prezzo di costo, avremo così comunque guadagnato 15 € su una singola vendita piuttosto che 10, 9, 8, 7 € ecc.

SEGRETO n. 3: Fidelizza i tuoi clienti in modo che acquistino nel tempo. Evita banali concorrenze sleali o corse al ribasso; fornisci piuttosto cortesia, promozioni e qualità.

Molti ottimi venditori, a titolo promozionale, decidono di vendere oggetti in asta al **prezzo di costo** o addirittura sottocosto, con il solo scopo di **indirizzare possibili clienti** al negozio eBay o al sito personale e questo spesso funziona.

Apparentemente rinuncerai al guadagno momentaneo su un singolo prodotto, ma in realtà il cliente ti annovererà tra i suoi venditori preferiti, tornando in un secondo momento ad acquistare altri prodotti e garantendoti un guadagno nel tempo, proprio come avviene in un normale negozio.

Eh sì, perché spesso è proprio **il servizio** che fa la differenza tra un venditore e l'altro o tra un negozio e l'altro, non solo il prezzo. E tra i servizi offerti da un commerciante quello più importante è senz'altro la **cortesia**; la cortesia è la cosa che più paga nel commercio, un cliente ben trattato è di sicuro un cliente che torna.

Assieme alla cortesia anche l'**efficienza** è un altro aspetto che deve essere tenuto nella giusta considerazione; negli accordi col fornitore dovremo fare in modo da velocizzare le spedizioni ai nostri clienti. Cerca sempre di tenere i contatti e comunicare con i tuoi clienti in modo che siano sempre soddisfatti.

È anche molto importante memorizzare in un database tutti gli indirizzi email dei clienti e informare sempre, o meglio, riservare loro delle ottime promozioni a cui poter sempre accedere in esclusiva.

Quindi devi creare una **mailing list**, che oltre a costituire un ottimo sistema informativo in caso di promozioni o offerte, è anche un ottima merce di scambio per successive partnership con altre aziende, che potranno accedere al tuo parco clienti in cambio di particolari condizioni loro riservate.

SEGRETO n. 4: Crea mailing list e memorizza sempre i contatti dei tuoi clienti. Ti serviranno per lanciare prodotti nuovi, promozioni o ancora a comprovare la visibilità della tua attività sul Web per partnership o altro.

Le Newsletter – e quindi le mailing list –, sono un potente mezzo di pubblicità e se ben usate fanno sì che le nostre vendite aumentino nel tempo. A questo proposito vorrei suggerire un ulteriore metodo di guadagno legato alle Newsletter: una volta che avrai raggiunto un cospicuo numero di email potrai **vendere spazi pubblicitari** (che però non siano per te concorrenziali) **all'interno delle Newsletter stesse**; questo è senz' altro un ulteriore mezzo di sostentamento per la tua attività.

Immagina di possedere una mailinglist di 1000 utenti che mensilmente vengono raggiunti da altrettante News; ebbene spesso aziende a noi non concorrenziali potrebbero voler raggiungere questi nostri utenti e ottenere visibilità chiedendoci di porre link o banner pubblicitari nelle suddette mail.

SEGRETO n. 5: Genera profitto dalla mailing list vendendo spazi pubblicitari per altre aziende.

Allo scopo di acquisire più clienti possibili, e quindi email, potresti favorire i nuovi utenti che acquistano per la prima volta da te con prezzi molto bassi (attenzione: solo la prima volta!). Un altro punto fondamentale è la cortesia, che non è da confondere con il servilismo, come prima ti ho spiegato.

In un'attività non bisogna svendersi, ma semplicemente essere sicuri di ciò che si vende in termini di qualità ed essere "ultracortesi", gentili e disponibili con i propri clienti. Questo è sicuramente un valore aggiunto per qualsiasi impresa che, ricordati, fa la differenza; spesso è un fattore che si trascura e a cui non si dà la dovuta importanza.

Un cliente – e non dire che tu non sei mai stato cliente – non vuole sentire di aver buttato i propri soldi e non vuole sentirsi derubato; devi perciò essere sempre disponibile e presente.

Un metodo formidabile per la fidelizzazione dei clienti è tenerli sempre informati dei tuoi prodotti o delle tue iniziative attraverso, ad esempio, delle mail; ma quello che più conta spesso è contattare i clienti anche per i semplici auguri di Natale. Questo viene molto apprezzato, perché il cliente sentirà di non figurare come semplice acquirente, ma anche come persona.

SEGRETO n. 6: Informa sempre con Newsletter i tuoi clienti, aggiornali, falli sentire importanti, offri loro servizi esclusivi, ma senza mai cadere nel servilismo.

RIEPILOGO DEL CAPITOLO 4:

- SEGRETO n. 1: Elimina i costi di comunicazione utilizzando i servizi gratuiti messi a disposizione dal Web; basta avere un PC e una connessione ADSL.
- SEGRETO n. 2: Fa' sempre sottoscrivere autorizzazioni al trattamento dei dati personali e all'invio di materiale pubblicitario prima di iniziare qualsiasi azione di marketing.
- SEGRETO n. 3: Fidelizza i tuoi clienti in modo che acquistino nel tempo. Evita banali concorrenze sleali o corse al ribasso; fornisci piuttosto cortesia, promozioni e qualità.
- SEGRETO n. 4: Crea mailing list e memorizza sempre i contatti dei tuoi clienti. Ti serviranno per lanciare prodotti nuovi, promozioni o ancora a comprovare la visibilità della tua attività sul Web per partnership o altro.
- SEGRETO n. 5: Genera profitto dalla mailing list vendendo spazi pubblicitari per altre aziende.
- SEGRETO n. 6: Informa sempre con Newsletter i tuoi clienti, aggiornali, falli sentire importanti, offri loro servizi esclusivi, ma senza mai cadere nel servilismo.

GIORNO 5

Pubblicità on e off line

Internet offre moltissimi modi per pubblicizzare la propria azienda, il proprio sito, i propri annunci; tra i più conosciuti senz'altro vi sono: lo scambio banner, lo scambio link e, ancora, l'acquisto di spazi pubblicitari su siti molto frequentati, che ovviamente danno visibilità anche a noi e a ciò che vogliamo vendere. Ma sicuramente il mezzo più efficace e meno dispendioso per pubblicizzare la nostra attività è Google AdWords.

Chiunque, digitando una parola chiave in un motore di ricerca, avrà notato che alcuni siti compaiono in testa alle prime pagine e altri nelle pagine seguenti e si sarà chiesto come questi siti possano comparire prima ed essere più visibili rispetto ad altri. Ebbene questo è possibile grazie al servizio di **Pay per Click** di **Google AdWords**.

AdWords fa sì che un utente del Web, alla ricerca di qualcosa, digitando una o più parole chiave inerenti alla sua ricerca nel motore, visualizzi i siti che contengono, o meglio trattano, quello di cui è alla ricerca.

Moltissime aziende già utilizzano AdWords per attirare più clienti sulle loro pagine Web. Google AdWords è un ottimo strumento di affari, soprattutto perché **è economico e raggiunge solo il target di clientela che ci interessa**, cosa che evita inutili spese pubblicitarie e permette di meglio raggiungere clienti veramente interessati al nostro prodotto.

SEGRETO n. 1: Imposta la tua pubblicità con Google AdWords; potrai così essere facilmente trovato in base a ciò che i clienti cercano.

Il funzionamento di Google è molto semplice:

1. Un utente imposta la sua ricerca.
2. Google mostra tutti i risultati di pagine inerenti alla ricerca sotto forma di link evidenziato (titolo), breve descrizione del sito

e indirizzo Web cliccabile.

3. In terzo luogo l'utente potrà scegliere quale risultato sia per lui più congeniale alla sua ricerca cliccando sui link presenti, link che gli inserzionisti (in questo caso noi) pagheranno. Di qui il nome di Pay per Click: gli inserzionisti pagano a Google il numero dei click generati.

Ma quanto costa Google AdWords?

Google richiede circa 5 € per l'iscrizione, mentre il prezzo minimo per ogni parola chiave acquistata è di 0,01 €. Chiaramente, a seconda dell'importanza e della richiesta della parola chiave, il prezzo può lievitare a favore però di una più alta visibilità. In altre parole più sei disposto a pagare per una parola chiave e più sarai visualizzato in alto nelle pagine di ricerca.

Ma il bello di AdWords è che potrai decidere il massimo che sei disposto a spendere per ogni parola chiave acquistata e addirittura il budget giornaliero oltre il quale non andrai mai, che pagherai solo dopo 30 giorni. È quasi superfluo spiegare che potrai avere sotto controllo le tue spese pubblicitarie in ogni momento.

Ma non solo, chi è disposto a pagare di più una parola chiave è destinato ad ottenere più visibilità. Infatti, proprio per non far sì che solo le grandi aziende investitrici ottengano maggiore flusso di utenti verso il proprio sito, Google ha elaborato un sistema che indicizza i siti anche in base alla loro qualità e pertinenza all'argomento trattato e in base al numero di utenti che realmente si dimostrano interessati a un sito.

Questo anche per evitare campagne fasulle da parte di aziende che tentano di accaparrarsi utenti, comprando parole chiave non inerenti alla loro attività. In altri termini **su AdWords vengono premiati i siti che realmente generano traffico**.

Mi spiegherò meglio: ci saranno parole chiave che per importanza potranno costare anche 50 €, ma che il sito che genera maggiore traffico potrà pagare la metà solamente perché il suo traffico di utenti è maggiore e quindi preferito rispetto ad altri.

SEGRETO n. 2: Il concetto di Pay per Click è l'innovazione di Google rispetto ad altri servizi simili. La qualità delle pagine indicizzate influisce positivamente sui costi di

indicizzazione.

Annunci ben strutturati, che ben sintetizzano il prodotto che vuoi vendere, e chiari si riveleranno fondamentali per il raggiungimento del tuo target di riferimento. Considera che potrai cambiare e migliorare qualora tu lo voglia i tuoi annunci in base ai risultati ottenuti che potrai monitorare in ogni momento.

I tuoi **annunci compariranno contemporaneamente in motori di ricerca partner di Google** quali Aol, Excite e sui link di Google AdSense, altro sistema di pubblicazione del Portale. In poche parole sarai visibile ovunque, in Italia e all'estero.

Ma da cosa dipende il successo di una campagna pubblicitaria su Google AdWords? Come puoi ottimizzare il risultato della tua pubblicità?

- **Le parole chiave (o keywords).** Le parole chiave inerenti alla tua attività sono fondamentali. Un sito che parla di Dropshipping dovrà essenzialmente puntare su questa parola e su tutte le altre parole che un utente potrebbe ricercare inerenti all'argomento.

- **Testo dell'annuncio.** Il testo, che in breve rappresenta lo spot della tua attività, dovrà sintetizzare e attirare il maggior numero di visitatori. Un annuncio ben fatto è indice di successo sicuro.

- **Pianificare le spese.** Decidi quanto spendere giornalmente e che posizione è meglio avere per il tuo sito.

- **Landing pages.** È opportuno creare pagine interne al nostro sito, dove indirizzare i risultati della ricerca e portare così un utente esattamente dove vuole essere portato. Se vendo orologi è opportuno portare i clienti a una pagina che elenchi le offerte e non subito alla pagina dei contatti, ad esempio.

SEGRETO n. 3: Per sfruttare al meglio Google AdWords devi curare le parole chiave e il testo dell'annuncio, devi poi impostare le spese e indirizzare correttamente il cliente alle landing pages.

Inutile dire che il resto del lavoro lo fa la qualità del tuo sito, del servizio offerto. Non resta quindi che aprire un account AdWords al link https://adwords.google.it/select/Login (per qualsiasi cosa, se hai bisogno di aiuto, fa' riferimento alle guide presenti nei vari link). Il pannello di controllo presenterà tre voci fondamentali:

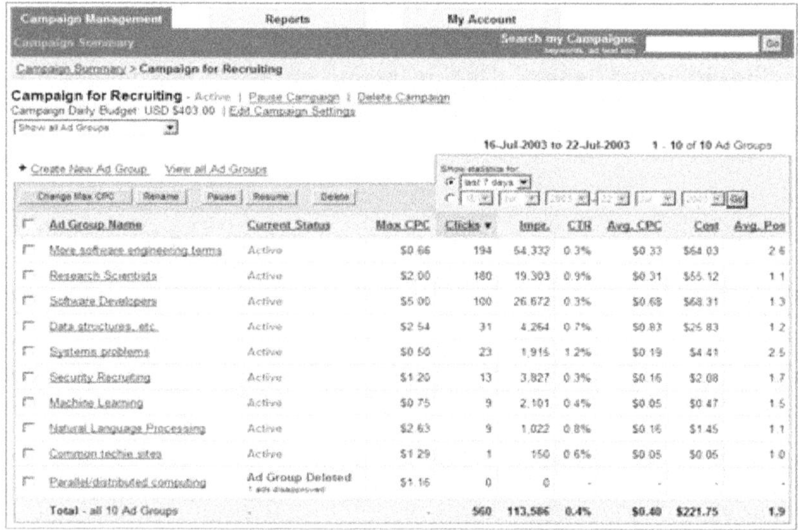
Campaign Management | Reports | My Account
Campaign Summary | Search my Campaigns: [Go]
Campaign Summary > Campaign for Recruiting

Campaign for Recruiting - Active | Pause Campaign | Delete Campaign
Campaign Daily Budget: USD $403.00 | Edit Campaign Settings
Show all Ad Groups

16-Jul-2003 to 22-Jul-2003 1 - 10 of 10 Ad Groups

+ Create New Ad Group View all Ad Groups
Show statistics for: last 7 days

Change Max CPC | Rename | Pause | Resume | Delete

Ad Group Name	Current Status	Max CPC	Clicks ▾	Impr.	CTR	Avg. CPC	Cost	Avg. Pos
More software engineering terms	Active	$0.66	194	54,332	0.3%	$0.33	$64.03	2.6
Research Scientists	Active	$2.00	180	19,303	0.9%	$0.31	$55.12	1.1
Software Developers	Active	$5.00	100	26,672	0.3%	$0.68	$68.31	1.3
Data structures, etc.	Active	$2.54	31	4,264	0.7%	$0.83	$25.83	1.2
Systems problems	Active	$0.50	23	1,916	1.2%	$0.19	$4.41	2.5
Security Recruiting	Active	$1.20	13	3,827	0.3%	$0.16	$2.08	1.7
Machine Learning	Active	$0.75	9	2,101	0.4%	$0.05	$0.47	1.5
Natural Language Processing	Active	$2.63	9	1,022	0.8%	$0.16	$1.45	1.1
Common techie sites	Active	$1.29	1	150	0.6%	$0.05	$0.06	1.0
Parallel/distributed computing	Ad Group Deleted	$1.16	0	0	-	-	-	-
Total - all 10 Ad Groups	-	-	**560**	**113,586**	**0.4%**	**$0.40**	**$221.75**	**1.9**

Fonte: www.google.it

1. **Campaign Management** (gestione campagna): da qui si gestiranno, avvieranno, modificheranno, termineranno le campagne pubblicitarie, che potranno essere anche più di una.

2. **Reports**: qui saranno visibili tutti i reports con i dettagli delle campagne.

3. **My account** (account personale): da qui modificherai ogni informazione sul tuo account.

Supponiamo di avviare una campagna per prodotti Hi-Tech a sua volta divisa in due gruppi: **prodotti audio** e **prodotti video**. In **audio** inseriremo: MP3, registratori e così via; in **video**: TV, LCD e così via. Per ogni prodotto creiamo annunci differenti e che possano attrarre il cliente, come ad esempio: «Lettori MP3 a prezzi imbattibili!!!» Potremo inoltre selezionare le nazioni di riferimento o il target (uomini, donne ecc.) di riferimento.

Si penserà in seguito alle parole chiave inerenti al prodotto da vendere e al contesto di frasi in cui la parola si potrà trovare. Ad esempio «lettori MP3» comprenderà sicuramente le parole chiave «MP3» e «lettori», ma anche «lettori MP3 portatili» o «lettori MP3 a basso costo» ecc.

Il "suggeritore di parole chiave" di Google, presente sul sito, ti fornirà un report dettagliato delle keyword più usate per ogni singolo prodotto o argomento: usalo.

Nella scelta delle parole chiave devi inoltre tenere presenti diversi criteri di corrispondenza e cioè:

Corrispondenza generica: settata di default, permette di visualizzare i tuoi annunci in base alla semplice corrispondenza delle parole chiave scelte. Inutile dire che in base alla parola «MP3» i tuoi annunci verranno visualizzati ogni qualvolta essa verrà digitata. Questo determina **molta visibilità, ma nel contempo possibili costi di click più elevati**, proprio perché il tuo annuncio verrà visualizzato alla minima attinenza con la parola chiave.

Questa corrispondenza può essere espansa con un'ulteriore opzione che allarga il contesto in cui potrà essere visualizzato l'annuncio dagli utenti durante la ricerca. Ad esempio, se un utente ricercasse «dispositivi audio portatili» questa opzione è attivata in automatico, ma può essere disattivata.

Corrispondenza per frase: è il criterio secondo cui i nostri annunci vengono visualizzati solo se verrà cercata la **frase esatta** della nostra campagna, ad esempio «lettori portatili MP3»; non verranno invece visualizzati se l'utente digiterà «MP3 portatili lettori». Con questo criterio i nostri annunci saranno visualizzati solo se cercati con il giusto ordine delle parole, anche in presenza di parole poste prima o dopo la frase, ad esempio «lettori portatili MP3 gialli».

Questo può farci **risparmiare molti soldi** in termini di ricerche inutili impostate da parte di utenti non interessati, ad esempio, a lettori, ma magari a programmi di conversione o altro. Questa opzione si potrà **attivare digitando tra virgolette le frasi esatte** dei nostri annunci.

Corrispondenza esatta: è simile alla corrispondenza per frase, ma meno flessibile. Ad esempio, se cerchiamo «lettori portatili MP3» verranno visualizzati solo annunci contenenti la frase esatta e non con termini posti prima o dopo la frase. Questa corrispondenza **si attiverà inserendo la frase esatta tra parentesi**.

Corrispondenza inversa: con questa corrispondenza potremo eliminare tutte le parole che non sono pertinenti ai nostri annunci in modo che questi ultimi non siano visualizzati. Ad esempio, se noi vendiamo lettori MP3 da 1 GB e non da 4 GB, potremo disattivare la dicitura «4 GB». Otterremo così un notevole risparmio di costi, poiché pagheremo i click delle sole persone che cercano lettori a 1 GB di capacità. Per attivare la corrispondenza **basterà inserire un [-] prima della parola da escludere**.

Questo tipo di opzione è particolarmente indicata per escludere ricerche che costituirebbero solo costi inutili per le nostre inserzioni. Ad esempio si può inserire come *negative word* la parola «**gratis**», potremo evitare inutili click da parte di persone che non sono realmente disposte ad acquistare un prodotto. Allo stesso scopo sarà poi opportuno escludere tutti i sinonimi di «gratis», come «free», «no cost», «freeware» ecc.

Ma quante parole chiave è opportuno scegliere per le nostre campagne? Una domanda a cui è difficile dare una risposta, ma che ancora una volta mi porta a rispondere con una frase: «Non è importante il numero bensì la qualità delle parole». Eh sì, perché **venti parole possono essere più efficaci di cento se scelte con il**

criterio giusto.

L'importante è mettersi nei panni di chi effettua una ricerca su Google e agire di conseguenza. Se ad esempio tu cercassi un PC portatile sarà opportuno inserire keyword fondamentali quali: «pc portatile», «portatili», «computer portatile», «computers portatili», «notebook», «laptop». Capisci anche tu che le suddette chiavi sono quelle fondamentali e non ne servono altre, a meno che questi PC non abbiano caratteristiche particolari tali da essere evidenziate.

Il senso comunque è che di certo non occorrono duecento parole chiave per far sì che i nostri prodotti vengano trovati. La domanda a cui si deve rispondere sempre è: «Se io cercassi qualcosa in particolare, quali parole utilizzerei?».

È inoltre importante che le parole scelte rispecchino realmente il prodotto che dobbiamo vendere, in modo da aumentare la pertinenza e quindi la qualità dei nostri annunci; questo ci permetterà di abbassare ulteriormente il costo dei click indirizzati verso le nostre pagine web.

SEGRETO n. 4: Scegli attentamente le parole chiave di indicizzazione per il tuo sito e struttura un annuncio coi fiocchi. Utilizza al meglio i sistemi di indicizzazione per evitare inutili click.

Per la ricerca di keyword Google fornisce un tool utilissimo: https://adwords.google.com/select/KeywordToolExternal.

Se ad esempio hai un negozio di computer a Roma e non vendi online ma solo offline, sarà inutile comprare parole quali «Roma» e «computer» separatamente. Capisci da solo che chiunque digiti la parola «Roma» o la parola «computers», e magari sta cercando un ristorante a Roma o più semplicemente una scrivania per computer, potrebbe imbattersi nei tuoi annunci. Questa potrebbe rappresentare per te un'inutile visita, nonché un'inutile spesa.

Forse si potrebbe accettare la parola «computer», ma questo se tu vendessi online; siccome abbiamo specificato che non vendi online è meglio non comprare questa keyword, poiché anche un milanese visualizzerebbe il tuo annuncio e di sicuro un computer se lo comprerà a Milano.

Sarà invece utile acquistare la frase intera «negozio di computer a Roma», poiché meglio si combinerà con ciò che realmente rappresenta la tua attività e di sicuro solo chi cerca un punto vendita di PC a Roma sarà tentato di cliccarci sopra e quindi di venirti a trovare.

Ovviamente più sarà particolare la tua **keywords phrase**, come ad esempio «computer Acer a Roma», più sarà selezionata la tua clientela.

Utilizza pure il link precedente per ricercare le parole chiave; sarai in grado inoltre di visualizzare quanto vengono ricercate alcune parole e il loro grado di importanza sul Web. Spesso è importante utilizzare il plurale e il singolare dei termini, inserire un trattino per alcuni di essi (ad esempio *online* e *on-line*) oppure invertire l'ordine delle parole («PC Roma» e «Roma PC»).

Anche gli errori ortografici possono risultare utili, poiché possono portare al nostro sito e costarci molto poco: Acer può diventare Ace o ancora Arce ecc. Anche i sinonimi sono un'utile fonte di reclutamento clienti: «moto» può essere coadiuvato da «motocicletta», «motociclo», «motorino» ecc.

All'indirizzo http://www.google.com/press/zeitgeist.html troverai le parole chiave più ricercate in un determinato momento; è un ottimo strumento per capire il trend di ricerca degli utenti online. Un esempio:

L'Italia - I termini più popolari (febbraio 2006)

- san valentino
- olimpiadi torino
- grande fratello
- carnevale
- juventus
- valentino rossi
- milan
- ronaldinho
- carolina kostner
- torino
- robbie williams
- snowboard

- vanessa incontrada
- ibrahimovic
- alessia marcuzzi

Anche le cosiddette "parole stagionali" possono essere utili ai nostri scopi o in determinate campagne: Natale, Pasqua, Agosto, Ferragosto, San Valentino ecc. Mi preme dire che in nessun modo è consigliabile utilizzare parole legate a marchi di fabbrica precisi, poiché, oltre ad essere molto dispendioso, può essere oggetto di ripercussione da parte del legittimo proprietario del marchio.

Ma osserviamo nel dettaglio come si compone una campagna su AdWords. Vai all'indirizzo www.google.it e prova a digitare una qualsiasi parola, ad esempio «computer»; vedrai comparire una serie di risultati e link così strutturati:

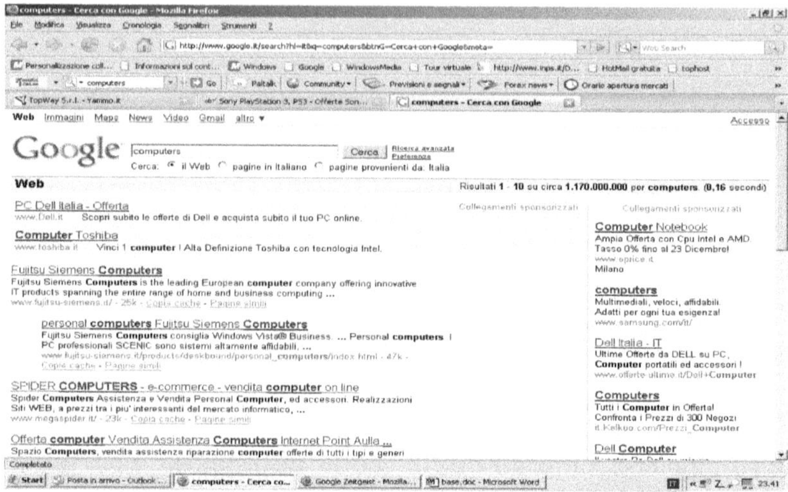

Fonte: www.google.it

Titolo: la prima riga di ogni risultato, di colore blu e in grassetto, è la frase principale che riassume l'argomento del tuo annuncio; importantissimo: deve sintetizzare ciò che proponi (max 25 caratteri). Nel titolo occorre **inserire la parola chiave** per eccellenza, quella che rappresenta il tuo annuncio.

Quindi «Dimagrire in 30 gg», «Capodanno a New York» o più semplicemente «Corso di Canto», «Sito Web Gratis», sono tutti titoli che ben riassumono un ipotetico prodotto o attività da pubblicizzare e non lasciano dubbi sul loro scopo finale. Tutti questi titoli forniscono senz'altro ad un utente chiarezza e immediatezza nella ricerca.

Alcuni consigli vengono forniti dallo stesso Google:

- Evitare termini superlativi quali: il migliore, il più veloce, il più bello, il più economico o importante.
- Non mettere istruzioni generali come: clicca qui, chiama ora ecc.
- Evitare i punti esclamativi "!!!".
- Non ripetere il punto interrogativo "??".
- Usare gli spazi tra una parola e l'altra.

Testo annuncio: nella seconda e terza riga compare il testo dell'annuncio che devi pubblicizzare (max 35 caratteri). Riassume in breve di cosa ti occupi o le caratteristiche del prodotto che offri; quindi va formulato più che bene per convincere il navigatore. Spesso può essere utile elencare i prodotti che vendi o i benefici che gli stessi danno. Ad esempio puoi evidenziare una promozione o un particolare sconto, caratteristiche quali l'"unicità" o l'"introvabilità" di un articolo, ma mai dovrai mentire, questo può danneggiarti enormemente. Se un MP3 è venduto a 50 € non scrivere che lo vendi a 20 €!

Link: nella quarta riga è posizionato l'URL della pagina che verrà visualizzata una volta ciccato sull'annuncio (max 35 caratteri). Molto importante è far visualizzare sempre e solo l'URL effettivo del tuo sito per una più facile memorizzazione. Se vuoi che sia visualizzata una pagina diversa dalla home page, utilizza i refer. Ad esempio l'URL sull'annuncio sarà www.nomesito.it, ma il refer porterà alla pagina www.nomesito.it/Promo_Mp3, ecc.

SEGRETO n. 4: Veicola sempre i click sulla pagina di riferimento del prodotto indicizzato su Google, in modo da far giungere gli utenti all'argomento o all'oggetto desiderato senza perdite di tempo. Visiteranno in seguito le altre pagine del tuo sito se interessati ad altro.

Il mio consiglio comunque è quello di dare sempre un'occhiata ai concorrenti e di **osservare gli annunci di chi è in testa** ai risultati delle pagine di Google, in sostanza di chi ottiene le migliori performance.

Finora ho provato a spiegarti sinteticamente il funzionamento di Google AdWords, ovviamente questo è solo un riassunto di ciò che il programma offre e per un più approfondito studio ti rimando alle numerose guide messe a disposizione da Autostima.net, in particolare a *Fare soldi online* di Giacomo Bruno.

Ma vorrei chiudere questo capitolo con la spiegazione di come si determina la strategia di spesa con questo sistema pubblicitario, perché spesso non è chi più spende che ottiene i maggiori risultati su AdWords, ma piuttosto chi ottiene più visite e di conseguenza chi offre più qualità e coerenza nei propri annunci.

I due termini ricorrenti di una campagna pubblicitaria su Google sono:

- CTR: click-through rate, ovvero il rapporto tra visualizzazioni (o impression) di un annuncio ed effettive visite.
- CPC: costo per singolo click, è il costo di ogni click e dipende dalle parole chiave che sceglierai e dalla loro importanza nel Web.

CTR. L'impression costituisce il numero di volte che un annuncio viene "visualizzato, o meglio, "mostrato" da Google o da siti partner. Se l'annuncio viene successivamente ciccato allora si trasformerà in un vero e proprio click. Il CTR in sostanza è il rapporto tra click e impression. Un esempio: se il tuo annuncio viene mostrato 100 volte e cliccato 10, allora il tuo CTR sarà del 10%.

CPC. Ogni parola chiave, come più volte specificato, in base alla sua importanza ha un costo di base per click. Più una parola è ricercata e dà visibilità, più costa. Ovviamente noi possiamo determinare la cifra massima che siamo disposti a spendere per quella parola; più offriremo e più figureremo nei primi posti di visualizzazione delle pagine di Google.

Scegliamo ad esempio la parola «lettori MP3». I nostri concorrenti giungono a un massimo di spesa per click di 0,50 €; noi possiamo, un po' come in un'asta, rilanciare un CPC di 0,80 € per raggiungere la prima posizione, succederà che il sistema ci posizionerà automaticamente a 0,51 € e solo in caso di offerta maggiore rilancerà fino a un massimo di 0,80 €.

In altri termini più offriamo e più abbiamo la possibilità di figurare nelle prime posizioni di AdWords. Ma Google AdWords non determina la posizione degli annunci basandosi esclusivamente su di un rialzo del CPC, ma anche sul CTR che otteniamo.

Supponiamo di settare come offerta massima CPC per una parola chiave 0,50 €, otteniamo 100 impression e 10 click effettivi; il nostro CTR sarà così del 10%. Supponiamo invece che un nostro concorrente setti un CPC massimo di 0,30 € e su 100 impression ottenga 30 visite (click) effettive; avrà ovviamente un CTR del 30%.

Il risultato di questa situazione sarà che il nostro concorrente, pur pagando meno i click, comparirà in una posizione migliore della nostra tra gli annunci di Google.

Ecco perché quindi è sempre meglio puntare sulla qualità dei nostri annunci (cioè che attirino più utenti possibili), piuttosto che sul rialzo del CPC. In altre parole: qualità, qualità e ancora qualità!!!

SEGRETO n. 5: Click e impression influenzano i costi di indicizzazione.

C'è infine da dire che ognuno, in base alle proprie risorse, può stabilire un massimo di spesa giornaliera a cui far fronte per i propri annunci e oltre la quale il sistema li blocca, rinnovandoli il giorno successivo per la stesso massimo di spesa.

Importante: da poco tempo Autostima.net annovera un sistema davvero interessante, si tratta di *Free Per Click* di Massimo D'Amico, un nuovo metodo di concepire la pubblicità su Google che permette a chiunque di indicizzare i propri siti o le proprie pagine web ai primi posti del grande motore di ricerca e soprattutto **gratis**! A buon intenditore poche parole…

Suggerimento: un altro modo di poter divulgare la propria attività, anche se online, è quello del buon vecchio volantino su strada. Oggi con poche centinaia di euro si possono stampare migliaia di volantini sui quali pubblicizzare i propri prodotti e spingere possibili clienti offline a visitare le tue pagine web. Bar, università, circoli e negozi possono diventare vetrine per il tuo sito di Dropshipping e procurarti guadagni e vendite ulteriori nella tua città.

Potresti addirittura creare uno striscione con il tuo sito e inserirlo in feste, concerti, in un locale di un tuo amico ecc. o magari usare un adesivo sulla tua auto… Non c'è limite alla creatività.

SEGRETO n. 6: Volantini, striscioni, adesivi costituiscono ancor oggi un ottimo veicolo pubblicitario offline.

RIEPILOGO DEL CAPITOLO 5:

- SEGRETO n. 1: Imposta la tua pubblicità con Google AdWords; potrai così essere facilmente trovato in base a ciò che i clienti cercano.
- SEGRETO n. 2: Il concetto di Pay per Click è l'innovazione di Google rispetto ad altri servizi simili. La qualità delle pagine indicizzate influisce positivamente sui costi di indicizzazione.
- SEGRETO n. 3: Per sfruttare al meglio Google AdWords devi curare le parole chiave e il testo dell'annuncio, devi poi impostare le spese e indirizzare correttamente il cliente alle landing pages.
- SEGRETO n. 4: Veicola sempre i click sulla pagina di riferimento del prodotto indicizzato su Google, in modo da far giungere gli utenti all'argomento o all'oggetto desiderato senza perdite di tempo. Visiteranno in seguito le altre pagine del tuo sito se interessati ad altro.
- SEGRETO n. 5: Click e impression influenzano i costi di indicizzazione.
- SEGRETO n. 6: Volantini, striscioni, adesivi costituiscono ancor oggi un ottimo veicolo pubblicitario offline.

GIORNO 6
Mettersi in regola fiscalmente

Come ogni lavoro, attività imprenditoriale, prestazione occasionale ecc., anche per il commercio online, poiché genera reddito, occorre pagare le tasse, mettersi quindi in linea con le normative fiscali che sono in vigore nel paese in cui si esercita. È bene precisare che tutto questo prevede dei costi e che quindi è sempre bene valutare che il proprio lavoro sia redditizio, prima di incorrere in un inutile spreco di denaro. Questo perché molti non sanno che una Partita IVA, sia che si guadagni o meno, va mantenuta ed è soggetta a costi, indipendentemente dal fatto che un'attività renda o meno.

Ecco perché in tutto il libro non smetto mai di dire che prima di fare qualunque passo bisogna testare le situazioni con il minimo spreco di denaro e che solo successivamente, a un primo reale introito, si può reinvestire il denaro per accrescere la propria attività e perfezionarla.

In questo capitolo quindi cercherò di tracciare a grandi linee un profilo di quelli che sono gli obblighi fiscali previsti dalla Legge italiana.

SEGRETO n. 1: Mettiti in regola dal punto di vista fiscale.

Tipologie di attività

Il tipo di attività commerciale che ogni individuo va a intraprende determina gli adempimenti fiscali cui ogni imprenditore deve assolvere.

Ecco i tipi di attività che si possono aprire in Italia:

- lavoro autonomo: parliamo di liberi professionisti quali medici, psicologi, insegnanti, geometri ecc.
- attività artigiana: ovviamente comprende la schiera di imprenditori che svolgono attività artigianali, ossia piastrellisti, idraulici, falegnami ecc.
- esercizio commerciale: negozi, bancarelle ecc.

Oltre alla tipologia di attività che si può intraprendere è bene sottolineare che ognuno può operare come:

- persona fisica (impresa individuale): un unico individuo che esercita la propria professione;
- Società di persone;
- Società di capitali.

Adempimenti burocratici:

Chiedere l'attribuzione di una Partita IVA. Per richiederla è necessario recarsi presso l'Ufficio delle Entrate del proprio comune e compilare un apposito modulo di richiesta, scaricabile anche dal sito www.agenziaentrate.it. I soggetti intenzionati ad avviare un'attività in Italia, per ottenere un numero di Partita IVA, devono farne comunicazione all'Agenzia delle Entrate e al Fisco.

Comunicare al Comune presso il quale opererai l'inizio della tua attività. Infatti le nuove attività commerciali, per essere svolte, necessitano di una comunicazione ai comuni in cui sono ubicate. Il Comune, verificati i requisiti della nuova attività, prenderà atto della comunicazione senza ulteriori formalità, oppure, solo per alcuni tipi di attività, emetterà un'apposita autorizzazione amministrativa (bar, ristoranti, ambulanti, chioschi ecc.). Avrai 30 giorni di tempo per attendere una risposta, trascorsi i quali varrà il principio del “silenzio-assenso” (lo stesso per le attività online).

Aprire una posizione IVA in Camera di Commercio. Per l’esercizio di alcune attività (corsi abilitanti, requisiti scolastici o professionali), l’imprenditore dovrà iscriversi al Registro Imprese presso la Camera di Commercio del suo territorio.

Aprire una posizione presso l’ufficio Inps e Inail per il pagamento dei Contributi sanitari e pensionistici.

Inps: dal 01/01/2006 gli imprenditori che si iscriveranno alla Camera di Commercio (titolari e soci di società) verranno automaticamente iscritti anche all’Inps senza nessun ulteriore adempimento da parte loro, riceveranno poi in breve tempo copia di avvenuta iscrizione negli elenchi previdenziali. Resta in vigore, invece, l’obbligo personale di iscrivere gli eventuali collaboratori familiari che svolgono attività nell’impresa e vanno sempre comunicate le variazioni anagrafiche intervenute successivamente alla nascita dell’azienda.

Inail: provvede soprattutto all'assistenza economica dei lavoratori soggetti a rischio d'infortunio sul lavoro o di malattia professionale. Oltre ai dipendenti è obbligatoria l'iscrizione anche per i familiari collaboratori del titolare e i soci di società, nonché per il solo titolare artigiano. La denuncia all'Istituto Nazionale per l'Assicurazione contro gli Infortuni sul Lavoro deve essere presentata contestualmente all'inizio dell'attività, mentre vanno comunicate entro i 30 giorni successivi all'evento le variazioni intervenute o la cessazione dell'attività soggetta ad assicurazione.

Licenze USL: le attività che prevedono il commercio di alimenti, ristoranti, pizzerie e simili devono richiedere un'autorizzazione sanitaria apposita agli uffici USL di competenza, che ispezioneranno i locali del gestore e in caso di approvazione concederanno le apposite licenze.

Tasse locali: ogni attività di commercio ubicata in qualsiasi comune inoltre dovrà assolvere ad alcuni tributi locali quali: la tassa per lo smaltimento dei rifiuti urbani in base ai mq occupati dall'attività, la tassa pubblicitaria per le insegne o scritte su strada e così via dicendo.

Impresa individuale

PRO

- Con la semplice apertura della Partita IVA e l'iscrizione alla Camera di Commercio si può operare, quindi non si necessita di atti notarili (molto costosi fra l'altro) per l'apertura dell'attività.
- Bassi costi di gestione grazie ad una contabilità semplificata.
- Semplice gestione giuridico-contabile.

CONTRO

- L'imprenditore è responsabile in modo illimitato della propria impresa, in altre parole ne risponde completamente sia negli oneri che negli onori. Utili e perdite quindi sono totalmente attribuiti all'imprenditore che esercita.

Oggi un singolo imprenditore che vuole aprire una Partita IVA individuale deve inoltre affrontare più o meno i seguenti costi (dico più o meno, poiché spesso nel corso degli anni i prezzi variano a seconda delle finanziarie):

- Registrazione al Registro Imprese: 150,00 € l'anno circa.
- Contributi INPS: 2000,00 € l'anno circa, che verranno ripartiti in diversi periodi dell'anno.
- Commercialista per tenuta contabilità, fatturazioni e compilazione del Modello Unico 740 per la dichiarazione dei redditi: almeno 500,00 € l'anno circa (dipende dal commercialista).
- A queste spese, che sono da ritenersi fisse, vanno aggiunte le Imposte sul reddito netto che dichiarerai a fine anno. La percentuale varia a seconda delle reddito raggiunto, in altre parole più guadagni e più paghi.

Esempio: aliquote Irpef in vigore per l'anno 2006:

1. fino a 26.000 23% (sul massimo = 5.980)
2. oltre 26.000 fino a 33.500 33% (5.980 + 33% su parte oltre 26.000)
3. oltre 33.500 fino a 100.000 39% (8.455 + 39% su parte oltre 33.500)
4. oltre 100.000 43% (39% + 4% contributo solidarietà) (34.390 + 43% su parte oltre 100.000)

Aliquote Irpef finanziaria 2007:

1. fino a 15.000 23%
2. oltre 15.000 e fino a 28.000 27%
3. oltre 28.000 e fino a 55.000 38%
4. oltre 55.000 e fino a 75.000 41%
5. oltre i 75.000 euro 43%

Società di persone

Società in nome collettivo (SNC) e Società in accomandita semplice (SAS). Prima di svolgere le normali pratiche di registrazione presso Camera di Commercio, Registro Imprese, Inps e Inail (questa volta per ogni singolo socio) occorre recarsi da un **notaio** per la costituzione vera e propria della società, perché, come dice la parola stessa, è costituita da più persone. Inutile dire che la costituzione di una società davanti a un notaio è soggetta ad atto notarile, appunto, e che quindi ha un costo.

Le principali caratteristiche delle Società di persone sono:

- Nessun limite minimo di capitale sociale.
- I soci delle SNC e i soci accomandatari nelle SAS sono responsabili in modo illimitato di oneri e onori dell'impresa, ad

eccezione delle SAS, dove solo i soci accomandanti sono responsabili fino al capitale sottoscritto alla costituzione della Società.

- Tutti i soci delle SNC e i soli soci accomandatari SAS possono essere Amministratori.

PRO

- Qualsiasi perdita fiscale della Società può essere dedotta dal reddito dei soci.
- In alcune condizioni può esserci una contabilità semplificata e quindi minori costi di gestione.
- Semplice gestione giuridico-contabile.

CONTRO

- Responsabilità illimitata dei soci esclusi i soci accomandanti nelle SAS.
- Il reddito della Società e quindi dei soci viene tassato anche se non percepito.

Società di capitali

Società a responsabilità limitata (SRL) e Società per azioni

(SPA). Come per le società di persone, prima di svolgere le normali pratiche di registrazione presso Camera di Commercio, Registro Imprese, Inps e Inail (anche qui per ogni singolo socio) occorre recarsi da un **notaio** per la costituzione vera e propria della società, versando i 3/10 del capitale sociale dichiarato.

Le principali caratteristiche delle Società di capitali sono:

- Il capitale sociale minimo da versare nelle SRL è di 10.000 €, almeno 3 decimi.
- I soci delle SRL e SPA sono responsabili limitatamente al capitale sottoscritto.
- Gli Amministratori possono essere soci e non soci.

PRO

- I soci sono responsabili per le sole quote di partecipazione sottoscritte.
- La tassazione ad ogni socio è attribuita solo se risultano degli utili effettivi.

CONTRO

- Maggiore complessità nella gestione giuridico-contabile delle

Società.

- Il reddito fiscale è soggetto ad aliquota più elevata.

SEGRETO n. 2: Scegli la giusta ragione sociale in base ai costi, sgravi fiscali, persone coinvolte nell'attività e rischi imprenditoriali.

Tengo a precisare che le informazioni contenute in questa sezione sono del tutto *indicative e riassuntive*, inoltre sono soggette a variazioni in ottemperanza alle norme che di anno in anno vengono stilate dal Governo Italiano. Per una più attendibile e corretta analisi occorre fare sempre riferimento ad un commercialista di fiducia o ai siti web ufficiali degli organi competenti dello Stato (Agenzie entrate, Guardia di finanza ecc.).

Una cosa è certa comunque, e cioè che aprire un'attività in Italia è piuttosto costoso e prevede degli oneri anche in caso di bilancio in perdita. Quello che però molti non sanno è che con l'avvento dell'Europa Unita le possibilità di fare impresa si sono evolute. Non solo, spesso per poter risparmiare sulle tasse, senza però evaderle, si può operare in modo differente da quello a cui siamo abituati da anni, soprattutto nel commercio elettronico, che sempre più spesso trova il suo bacino di utenza in paesi e stati diversi dal nostro.

Occorre quindi dire che come cittadini europei possiamo accedere ad una serie di alternative impensabili fino a poco tempo fa, che ci permettono di operare in totale legalità ottimizzando inoltre le tassazioni e guadagnando in profitto.

Uno di queste alternative fiscali è la **LTD inglese**, un tipo di società, che ci permette di operare internazionalmente, che richiede pochi investimenti per essere costituita, che limita i rischi da parte dell'imprenditore e che soprattutto ci fa risparmiare in tasse.

La Limited (LTD)

(Private Limited Company). La Limited (LTD) è una forma di società riconosciuta ovunque in tutto il mondo, ma inizialmente non era completamente riconosciuta da molti stati europei.

La Comunità europea prevede che ogni stato appartenente all'Europa debba accettare qualsiasi forma societaria proveniente da un paese europeo, appunto, riconoscendone pieni poteri e libertà di esercizio.

Ne deriva quindi il fatto che ogni società costituita in Inghilterra, o in altro stato, gode degli stessi diritti di una società costituita in un paese membro della Comunità europea, rimanendo tuttavia sotto la legislazione inglese o del paese di riferimento.

Quindi è possibile aprire una società in qualsiasi nazione, anche con più sedi (sedi secondarie), ma sempre sotto la copertura legale della società con sede principale. Aprire attività in Gran Bretagna è vantaggioso in quanto, oltre a comportare costi notevolmente inferiori rispetto ad altri paesi europei (dove spesso è necessario rivolgersi ad avvocati e tribunali), permette una gestione europea semplice e decisamente poco costosa, sia in termini di prelievo fiscale che in termini gestionali.

SEGRETO n. 3: Quali benefici puoi trarre dall'apertura di una LTD? Meno costi di apertura e possibilità di operare in tutto il mondo.

Un esempio: la Società "XXX Ltd", con sede legale e operativa in Inghilterra, apre una sede in Italia o in un altro stato membro dell'Unione europea.

Fino a che si apre solo una sede di rappresentanza per conto della "XXX Ltd" in Italia, per la sede primaria non occorrono né comunicazioni né iscrizioni ad alcun ente. Qualsiasi tassazione è da imputare alla sola società inglese e quindi in Inghilterra.

Per la sede secondaria invece è necessaria la comunicazione al REC, che sancisce l'inizio attività della società "XXX Ltd" in territorio italiano:

1. La società inglese deve essere riconosciuta a tutti gli effetti in modo automatico.
2. Fino a che la sede secondaria in Italia non produce reddito, la tassazione avviene secondo le normative inglesi. Una volta che la sede italiana produce utili, si applica la tassazione italiana per la sola la sede italiana, al contrario la sede inglese è sempre e unicamente soggetta a tassazione inglese.

Ma analizziamo meglio cos'è una LTD. Una LTD è una società di capitale con responsabilità limitata, paragonabile alla SRL italiana in quanto a oneri, con la differenza però che il suo **capitale sociale minimo è di 150,00 €** e il suo valore può essere stabilito dai soci senza che questi ultimi lo debbano versare.

Per la costituzione della Società occorre:

- Una sede legale in Inghilterra nonché un nome per la Società.
- Almeno due persone fisiche maggiorenni residenti o non residenti come soci, ognuno nominato come Amministratore (l'amministratore ha il compito di amministrare, rappresentare e gestire la società a tutti gli effetti; è la persona chiave per le decisioni della società) e Segretario (il segretario ha il compito di amministrare e controllare tutti i libri contabili della società, le scadenze, cambi soci e amministratori, quote e qualsiasi altro tipo di documentazione).

La Società è immediatamente operativa al momento della sua costituzione. La proprietà delle azioni può essere indistintamente dell'amministratore o del segretario, di una terza persona, di una società inglese o straniera. I soci possono anche essere stranieri.

• Una LTD Inglese è **l'ideale per** chi vuole intraprendere un'attività a livello europeo, grazie alla semplificazione delle leggi e alla giusta pressione fiscale. Inoltre i **costi** di costituzione societaria sono molto bassi, i **tempi** di costituzione e operatività vanno da 1 a 15 giorni, mentre in Italia occorrono in media 45-90 giorni.

Inoltre il capitale di responsabilità di una LTD è pari a 1,50 €; l'amministratore non ha nessuna responsabilità personale in caso di delitti di insolvenza, al contrario di quello che avviene in Italia.

Il **capitale sociale minimo di 150 € non è versabile**; pensa ad una SRL italiana che necessita di un capitale minimo di 10.000 €. Nel primo caso il capitale sociale minimo da versare è di 1,50 €, in Italia di almeno 3300 €.

• La **visibilità dei soci nel Registro è solo dal secondo anno di attività**, mentre in Italia la visibilità è immediata. Non è necessario alcun atto notarile per cambio amministratori, soci, quote, nome, sede, oggetto e nome della società, quindi nessun costo. Infine la contabilità è semplice.

Attenzione però a non confondere l'Inghilterra con una zona, per così dire, esente da tassazione o con un paradiso fiscale. La differenza sta nei diversi e ridotti costi amministrativi, di gestione ecc., ma anche qui ci sono leggi e regole che vanno rispettate per non incorrere in sanzioni.

Certo è che comunque non affrontare determinate spese, soprattutto in fase di partenza di una qualsiasi attività, è fondamentale ed è bene sapere che esistono oggi nuove opportunità per attuare qualsiasi progetto di impresa.

Si tenga presente che l'Inghilterra gode di ottima credibilità da parte di tutti gli stati del mondo, proprio per l'estrema affidabilità delle leggi applicate e, aggiungerei, per l'estrema correttezza delle aziende che operano sul suo territorio. Qui – senza entrare nel politico – occorrerebbe spezzare una lancia a favore della tassazione in generale che, se giusta e moderata, risulta anche piacevole da pagare.

In un paese in cui un cittadino paga le tasse e questi soldi vengono ben spesi per il bene di tutti, la tassa non pesa sul bilancio del lavoratore, che anzi in essa riscopre uno scopo sociale e un'utilità finalizzata a migliori servizi.

L'Inghilterra offre ai suoi imprenditori immensi vantaggi che sono stati stabiliti attraverso leggi giuste e molto semplici da capire e da applicare. E tutto questo aiuta qualsiasi imprenditore ad avviare e a gestire un'azienda in modo facile, evitando lunghe e inutili attese e barriere burocratiche, nonché costi iniziali troppo elevati che non fanno altro che sottrarre energia alla nascita e all'accrescimento di ogni attività.

Si pensi solo alla possibilità che ha un imprenditore di poter sospendere ogni attività e quindi evitare tassazione in caso di malattia o infermità temporanea; questo permette una grande tranquillità di gestione dell'impresa che, in caso di imprevisto, non è costretta a soffrire conseguenze, oltre che lavorative, anche fiscali. Ma soprattutto è un grande segno di rispetto e maturità di una nazione nei confronti dei propri cittadini, che grazie al loro lavoro la sostengono e ne determinano la prosperità.

La LTD è una delle opportunità che qualunque imprenditore può considerare per l'apertura di un'attività; tuttavia in Internet vi sono alcune società di servizi che permettono di essere seguiti in tutto l'iter per l'apertura di società, anche al di fuori dei nostri confini e chiaramente in modo legale.

Tengo a precisare che **chiunque è tenuto a informarsi** in modo capillare **su questi argomenti** e che le nozioni riportate in questo ebook non costituiscono assolutamente un modo per evadere le tasse, bensì un modo diverso di operare nel panorama fiscale mondiale che spesso è sconosciuto ai più.

D'altronde, come si verifica nel libero mercato, dove vi è una concorrenza, anche lo Stato italiano è bene che si adegui a nuovi sistemi fiscali, poiché le nuove disposizioni europee danno accesso a nuove opportunità per gli imprenditori. L'epoca della disinformazione è finita, soprattutto grazie al Web oggi il cittadino può in tempo reale accedere ad una miriade di informazioni. Di seguito elenco alcuni siti utili:

www.paradisifiscali.org

www.paradisi-fiscali.com

www.aprireunaltd.com

SEGRETO n. 4: Consulta i siti delle aziende che offrono una consulenza per l'apertura di una Limited inglese; potranno seguirti in questa operazione e fornirti assistenza.

RIEPILOGO DEL CAPITOLO 6:

- SEGRETO n. 1: Mettiti in regola dal punto di vista fiscale.
- SEGRETO n. 2: Scegli la giusta ragione sociale in base ai costi, sgravi fiscali, persone coinvolte nell'attività e rischi imprenditoriali.
- SEGRETO n. 3: Quali benefici puoi trarre dall'apertura di una LTD? Meno costi di apertura e possibilità di operare in tutto il mondo.
- SEGRETO n. 4: Consulta i siti delle aziende che offrono una consulenza per l'apertura di una Limited inglese; potranno seguirti in questa operazione e fornirti assistenza.

GIORNO 7
Organizzare il proprio lavoro

Questo capitolo vuole essere una sorta di riassunto dei capitoli precedenti. Cercherò in modo molto semplice di descrivere operativamente come organizzare e rendere efficace il business basato sul Dropshipping.

Sono del parere infatti che, in particolar modo per i neofiti, vi siano molte barriere soprattutto psicologiche, che impediscono un reale avvio di qualsiasi attività in qualsiasi campo. Spesso ci si affida a consigli di amici, pseudo professionisti ecc., che infondono nei loro consigli un tale timore nel fare le cose da impedirci di realizzare il nostro business o qualsiasi altro lavoro. La realtà è invece diversa, basta solo operare, **fare**!!!

Per cui, se il tuo intento è fare del Dropshipping, non ti resta che iniziare con questi piccoli passi fondamentali. Poi ti perfezionerai sempre di più informandoti, studiando, migliorandoti, testando, toccando con mano le situazioni, talvolta sbagliando, ma imparando da questi errori. Non esiste un'attività priva di aspetti negativi in assoluto, ricordatelo: qualsiasi lavoro richiede **impegno e preparazione, ma soprattutto esperienza**, e l'esperienza nessuno te la dà se non il campo di battaglia.

SEGRETO n. 1: Per essere operativo ti basterà mettere in atto pochissimi accorgimenti pratici.

Mettiti in testa che il Dropshipping c'è, esiste, è una realtà. Non credere a chi esprime pareri sfavorevoli sul commercio via Internet, a chi, non credendo alle sue potenzialità, cerca di smontare anche te. Prima comprenderai che il mercato del lavoro è in continuo cambiamento ed evoluzione e prima entrerai a far parte della schiera di persone che trova nuove opportunità di guadagno senza rimanere legato ad attività vecchie e obsolete, che generano solo frustrazione e senso di inadeguatezza.

Bene, ma passiamo alla fase operativa: voglio ricordare, come detto in tutto il libro, che inizieremo ad operare in modo semplice e con il minimo dei rischi in modo che la nostra **attività cresca**

nel tempo e gradualmente. Per quanto mi riguarda bisogna iniziare per gradi e questo è quello che ti descriverò, sarai tu a sviluppare la tua attività in seguito, in base alla tua indole ed esperienza.

La prima cosa da fare per essere operativi al 100% è **possedere un buon metodo per effettuare e ricevere pagamenti**, che soprattutto sia **valido a livello internazionale**. Senza questo infatti non potrai né ricevere i proventi delle tue vendite dagli acquirenti né pagare i fornitori e permettere loro la spedizione delle merci.

Quindi, per prima cosa recati presso l'ufficio postale più vicino a casa tua e richiedi una Postepay, ti costerà 5 € e sarà subito operativa. Ricordo che la Postepay è una carta di credito a tutti gli effetti, ricaricabile e del circuito Visa Electron.

Costituirà per te il recipiente, il contenitore del tuo denaro, una sorta di mini-conto corrente che collegherai in seguito a PayPal. Questo, come già detto, è un circuito di pagamento internazionale, grazie al quale potrai ricevere il denaro dei tuoi acquirenti in modo istantaneo e da qualunque parte del mondo ed effettuare pagamenti ai tuoi fornitori per permettere loro di spedire i prodotti.

SEGRETO n. 2: Recati in un ufficio postale e chiedi una Postepay, che in seguito ti servirà per l'apertura di un conto PayPal, fondamentale per effettuare e riscuotere pagamenti online sicuri in Italia e nel resto del mondo.

Una volta ottenuta una Postepay vai sul sito www.paypal.it e crea un account gratuitamente. Devi sapere che PayPal è il circuito internazionale di micro-pagamenti più famoso e utilizzato al mondo ed è sicuramente il più sicuro. Non solo, ma a fronte di alcune commissioni, è il sistema preferito dai navigatori Internet per i loro acquisti, per cui è essenziale per il tuo business

Nella grande maggioranza dei casi gli internauti acquistano senza timore con PayPal, poiché offre molte garanzie in caso di truffa e ciò fa sì che un venditore che accetta PayPal come pagamento sia immediatamente riconosciuto come un venditore credibile.

Per cui è fondamentale creare un account PayPal. All'atto dell'iscrizione PayPal ti chiederà una carta di credito di riferimento per i tuoi pagamenti e tu potrai tranquillamente inserire la tua Postepay.

Riassumendo: quando effettui un pagamento con PayPal l'importo verrà detratto dalla Postepay; quando invece ricevi un pagamento, questo risulterà disponibile sul tuo conto PayPal e in qualsiasi momento potrai prelevare i tuoi soldi disponendo un accredito sulla Postepay.

C'è da sottolineare che la Postepay può essere ricaricata fino ad un massimo di 3000 €, per cui nel chiedere un accredito da PayPal di cifre superiori dovrai per forza avere un conto corrente (postale o bancario).

Hai ora il necessario per gestire il tuo denaro durante le transazioni online.

Provvedi quindi ad effettuare l'iscrizione a Netsons su www.netsons.org; in questo modo ti garantirai uno **spazio web** sul quale ospitare successivamente il tuo sito e-commerce.

Fonte: www.netsons.org

Come accennato nei capitoli precedenti, Netsons mette a disposizione uno spazio web e un dominio di secondo livello, del tipo www.nomesito.netsons.org, che apparentemente può sembrare brutto (certo, questo solo fino a quando non potrai permetterti un dominio di primo livello), ma che in realtà non è importante se riuscirai a pubblicizzare bene il tuo sito e se fidelizzerai i clienti provenienti da altri siti quali eBay o altro.

Poiché questi ultimi, una volta che ti avranno conosciuto e

avranno acquisita la fiducia in te, provvederanno a memorizzare direttamente il tuo sito tra i loro preferiti e poco importerà se si chiami www.pinco.it o www.pallo.com.

Quel che conta sarà che **sapranno dove trovarti** e dove fare acquisti, semplicemente perché si trovano bene e vengono ben serviti.

È un po' il caso comune di negozietti che non sono posti proprio al centro di una piazza, ma che nonostante ciò attirano numerosi clienti col solo passaparola. Netsons offre innanzitutto uno **spazio web che supporta pagine in PHP4 e PHP5**, linguaggio di programmazione di pagine web che permette l'automazione di siti e-commerce, un **database MYSQL4 e MYSQL5** sul quale caricare il catalogo prodotti e infine uno **spazio mail illimitato** per gestire la corrispondenza elettronica.

Otterrai quindi una mail del tipo nomesito@netsons.org con la quale gestire i rapporti con i tuoi clienti. È importante, al momento della registrazione, scegliere il nome del proprio sito, che bene dovrà identificare i prodotti o l'attività della quale ti occupi.

Se vendi Hi-Tech ovviamente potresti avere un sito che si chiamerà ad esempio www.hitech.netsons.org; se invece vendi profumi allora magari opterai per un nome del tipo www.labottegadelprofumo.netsons.org.

Molti venditori online sono del parere che più il nome è corto e più è facile da ricordare, io al contrario penso che se il sito serve bene i suoi clienti, ha buoni prezzi ed è ben pubblicizzato può avere un nome anche lunghissimo, ma sarà sempre un punto di riferimento per gli acquisti della sua clientela.

Io personalmente ho scelto per l'esempio di questo ebook il dominio www.easyshop.netsons.org, poiché il sito può occuparsi un po' di tutti i prodotti, visto che i fornitori di Dropshipping sono in aumento e spesso può accadere che per un periodo si vendano dei prodotti e in un secondo momento ci si potrebbe trovare a venderne altri.

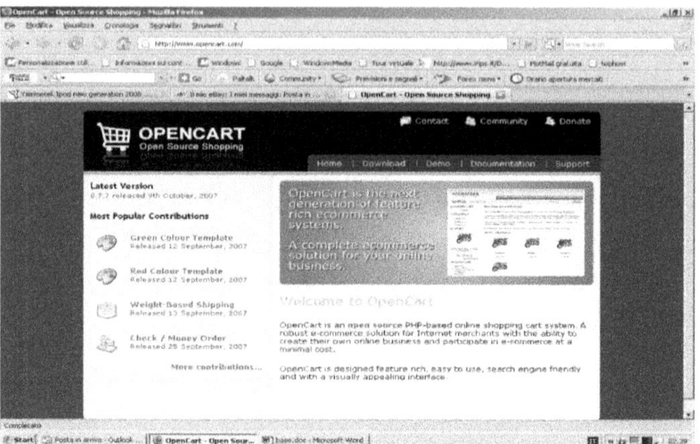

Fonte: www.opencart.com

Una volta che ti sarai iscritto a Netsons vai sul sito www.opencart.com, altra risorsa di estremo valore e soprattutto gratuita. Infatti Opencart mette a disposizione un vero e proprio sito e-commerce in PHP già pronto. In poche parole non dovrai far altro che iscriverti al sito, scaricare la versione in italiano per poi ricaricarla sul tuo spazio web di Netsons.

Il risultato sarà quello di www.easyshop.netsons.org e cioè quello di avere un vero e proprio carrello online al quale i tuoi clienti potranno riferirsi per effettuare acquisti.

SEGRETO n. 3: Apri un account su Netsons.org per ospitarvi un vero e proprio carrello e-commerce scaricandolo da Openchart.com. Otterrai gratuitamente uno spazio web, un dominio di secondo livello e una mail professionale (scegli un nome del sito che rispecchi ciò che vuoi trattare).

Opencart permette l'**iscrizione degli utenti** con tanto di dati ed email, così che tu possa formare una vera e propria mailing list. Permette inoltre i **pagamenti dei prodotti tramite PayPal**, tu non dovrai far altro che – attraverso un pannello cui solo tu potrai accedere tramite username e password – inserire i prodotti che vendi di volta in volta con foto e descrizioni; questi saranno mostrati sul sito e tra di essi i tuoi clienti potranno scegliere.

Riassumendo: vai su www.opencart.com e scarica l'ultima versione di Opencart sul tuo PC. L'intero sito sarà contenuto in un' unica cartella ZIP, grazie ad un programma di nome Filezilla (http://download.html.it/software/vedi/1605/filezilla/), che inoltre installerai sul computer. Potrai in seguito caricare il tutto sul tuo spazio web di Netsons, seguendo ad esempio questa guida http://www.p2pforum.it/forum/showthread.php?t=84219 (ne trovi molte digitando «guida Filezilla» su Google).

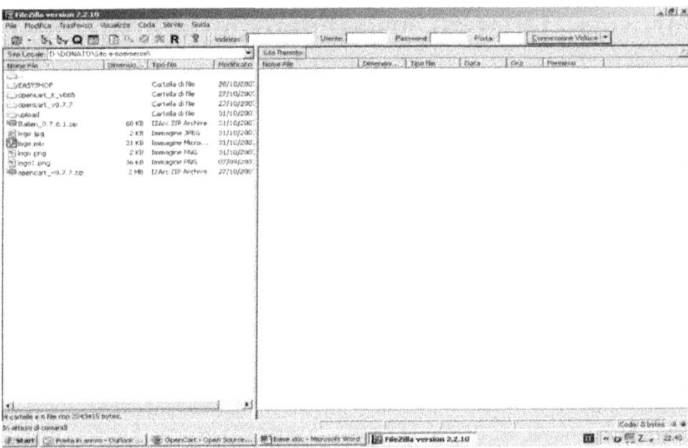

Ora che sei in possesso di una mail del tipo nomesito@netsons.org, entra nel tuo account di PayPal e inserisci, oltre a quella principale, quest'altra mail per ricevere pagamenti online tramite PayPal.

Provvedi all'iscrizione ad eBay (anche questa gratuita), su www.ebay.it. Anche qui, una volta inseriti i tuoi dati personali, ti verrà chiesto un numero di carta di credito per l'addebito delle commissioni per le inserzioni. Puoi pagare le commissioni anche tramite PayPal, che comunque preleverà il denaro dalla Postepay (il mio consiglio è quello di **caricare fin da subito la carta di qualche centinaio di euro**, proprio per gestire al meglio tutti i pagamenti).

Una volta acquisito un account eBay sarà opportuno che tu abbia anche uno spazio web personale o un negozio online sul quale indirizzare i clienti. Inizialmente compreranno tramite eBay o siti di annunci, in un secondo momento acquisteranno direttamente dal tuo sito comportando così per te un ulteriore risparmio di commissioni o altre spese accessorie.

Il mio consiglio è inoltre, dopo le prime vendite, di aprire anche un **negozio eBay**, che per la versione base costa meno di 10,00 € al mese (il primo mese è gratis), ma che permette un notevole risparmio in commissioni sulla vendita degli oggetti rispetto alla modalità "Asta".

Le **aste** invece, a fronte di un costo d'inserzione maggiore, danno **molta più visibilità** e sono molto utili per indirizzare i clienti al negozio vero e proprio. In parole povere **le aste possono essere usate come canale pubblicitario** e promozionale, mentre il negozio sarà il vero punto di riferimento per gli acquisti dei clienti ormai fidelizzati.

Una cosa importante: al momento dell'iscrizione a eBay dovrai scegliere il tuo username; a questo punto hai due possibilità: una è quella di utilizzare il nome del tuo sito personale, ad esempio "Hi-Tech" o "Labottegadelprofumo"; l'altra è quella di utilizzare un nome di fantasia qualsiasi, nel caso tu voglia tenere distinte le cose.

Sarà comunque opportuno rimandare i tuoi acquirenti eBay al sito personale, nel momento in cui questi saranno acquisiti come tali. Fondamentale inoltre è capire che eBay è utile, oltre che per vendere i tuoi prodotti, anche per pubblicizzare il tuo sito e spingere i clienti a comprare direttamente da lì, senza l'assillo di dover, almeno all'inizio, affrontare una campagna pubblicitaria del sito dispendiosa e onerosa.

SEGRETO n. 4: Apri un account eBay e successivamente un negozio eBay; è consigliabile che lo username sia uguale a quello del sito.

Scarica dal sito www.skype.it o da www.messenger.it rispettivamente Skype e Messenger, i due programmi di **comunicazione gratuita** indispensabili per essere contattati e contattare clienti e fornitori e che soprattutto ti permetteranno di risparmiare molto denaro.

Entrambi ti consentiranno di comunicare attraverso una chat, vocalmente (come un vero e proprio telefono, semplicemente attraverso l'utilizzo di un economicissimo microfono collegato al PC) e in video chiamata e/o videoconferenza con più persone, tutto in tempo reale, attraverso l'uso di una webcam.

Con questi mezzi potrai gestire qualsiasi rapporto in lontananza, spedire file, ricevere ordini, rettifiche ecc.

SEGRETO n. 5: Iscriviti a Skype e a Messenger creando account con lo stesso nome del tuo sito.

Contatta alcuni dei fornitori che nei capitoli precedenti ti ho elencato e decidi con quali collaborare. Il mio consiglio è di partire con www.bazarissimo.it. Come già detto, con Bazarissimo avrai a disposizione una toolbar che ti terrà in costante rapporto con il magazzino del fornitore e con lo staff; potrai così avere sempre sotto controllo la disponibilità dei prodotti, i pagamenti ecc. In altre parole ti semplificherai il lavoro.

A questo punto avrai disponibilità di prodotti. **Crea una cartella**, che inizialmente puoi lasciare anche sul desktop, che nominerai appunto «Dropshipping» o «Nomesito» ecc. Questa sarà la cartella principale che conterrà tutto il materiale riguardante la tua attività (foto, descrizione prodotti, fogli ordini ecc.), in altrettante **sottocartelle** che denominerai appunto «foto», «listini» ecc. e che caricherai poi sul tuo sito di vendita o nelle inserzioni eBay o ancora negli annunci.

Ti consiglio di iniziare con pochissimi prodotti, ma che si vendano bene, almeno finché non familiarizzi con la tua attività, in modo da evitare confusioni o disservizi al cliente.

SEGRETO n. 6: Iscriviti a un servizio di Dropshipping; scegli un fornitore che rispecchi le caratteristiche riportate nei

precedenti capitoli e riforniscìti dal suo catalogo di prodotti e foto. Archivia il tutto in una cartella dedicata alla tua attività.

Naviga nel sito del tuo fornitore e familiarizza con tutti i prodotti, in contemporanea apri un'altra finestra del tuo browser e vai su www.ebay.it; loggati nel tuo account (in altre parole entra ne "Il mio eBay") e comincia a ricercare nel campo di ricerca di eBay oggetti uguali o simili al tuo, ricordandoti di spuntare nel pannello a sinistra la voce "inserzioni scadute", in modo da vedere a quanto mediamente gli stessi oggetti vengono venduti e soprattutto per **analizzare i margini di guadagno** sul prodotto stesso.

In questo modo potrai anche spiare un po' come venditori più esperti di te hanno creato le loro inserzioni, guadagnandosi il favore dei clienti rispetto ad altri venditori. Quindi provvedi a creare la tua **inserzione utilizzando foto e descrizioni dei prodotti già messi a disposizione dal fornitore**, ricordandoti di specificare i costi di spedizione, garanzie, resi ecc.
Attendi ora l'**esito dell'asta**, al termine della quale non dovrai far altro che incassare i soldi della vendita, pagare il prezzo

d'acquisto al fornitore più la spedizione, indicandogli l'indirizzo del cliente al quale dovrà spedire il prodotto e... il gioco è fatto.

Suggerimenti: quando copi le descrizioni dei prodotti il consiglio è di cambiare leggermente il testo, le parole, in modo da creare una descrizione differente rispetto all'originale, che non possa combaciare con la descrizione esatta del sito dello stesso fornitore. In altre parole evita che un acquirente possa risalire all'origine dei tuoi prodotti nel caso effettui una ricerca accurata in un motore come Google.

Inoltre molti esperti della rete, per risalire ai tuoi fornitori – e quindi trovare i prezzi più bassi –, copiano le descrizioni dei prodotti nei motori di ricerca; i risultati possono riportare tutti i link in cui compaiono le suddette descrizioni, tra cui quello del tuo grossista, appunto.

Importante: quando carichi le foto copiate dai cataloghi dei tuoi fornitori, assicurati che non ci siano i loghi di questi ultimi, in tal caso fatti spedire via mail le foto senza loghi o altro.

Ricordati di **conservare sempre le email dei tuoi acquirenti** e di inserirli nella tua **mailing list**; questo costituirà un tesoro per il futuro. Ricorda infine (lo ripeto ancora) di indirizzare sempre i tuoi clienti verso il tuo sito personale.

SEGRETO n. 7: Carica i tuoi prodotti (cambiandone leggermente le descrizioni) sul tuo sito, asta eBay o sito annunci, ricordandoti che ogni metodo da te usato deve riportare sempre al tuo sito diretto, in modo che i clienti in un secondo momento possano acquistare direttamente da lì.

Crea una cartella in cui, con un foglio Excel o Word, memorizzerai tutte le email e i contatti dei tuoi acquirenti o più semplicemente di chi ti chiede informazioni; questi costituiranno la tua importantissima mailing list, che utilizzerai per informare i tuoi utenti su promozioni, sconti, iniziative e qualsiasi cosa interessi loro e la tua attività.

Immagina la comodità di avvertire o comunicare qualcosa ad una moltitudine di persone **con un semplice click e gratis**, senza dover bussare alla porta di casa di ognuno di loro e senza muoverti dal tuo PC.

I clienti adorano sentirsi parte di qualcosa, di una comunità, per cui ricordati di farli sempre sentire parte di un gruppo, riservando loro particolari condizioni di acquisto. Persino gli auguri di Natale saranno importantissimi al fine di fidelizzarli.

Come dicevo nei capitoli precedenti, la mailing list costituisce spesso un ulteriore metodo per guadagnare denaro, poiché alcuni sponsor potrebbero pagarti per comprare spazi pubblicitari all'interno delle tue Newsletter, ovviamente questo quando avrai un sufficiente numero di indirizzi mail, tale da costituire un ottimo parco clienti.

SEGRETO n. 8: Dopo ogni vendita o semplice contatto memorizza le mail dei tuoi clienti in un'apposita cartella. Sarà la tua mailing list, che utilizzerai per le future promozioni o iniziative.

RIEPILOGO DEL CAPITOLO 7:

- SEGRETO n. 1: Per essere operativo ti basterà mettere in atto pochissimi accorgimenti pratici.
- SEGRETO n. 2: Recati in un ufficio postale e chiedi una Postepay, che in seguito ti servirà per l'apertura di un conto PayPal, fondamentale per effettuare e riscuotere pagamenti online sicuri in Italia e nel resto del mondo.
- SEGRETO n. 3: Apri un account su Netsons.org per ospitarvi un vero e proprio carrello e-commerce che scaricherai da Openchart.com. Otterrai gratuitamente uno spazio web, un dominio di secondo livello e una mail professionale (scegli un nome del sito che rispecchi ciò che vuoi trattare).
- SEGRETO n. 4: Apri un account eBay e successivamente un negozio eBay; è consigliabile che lo username sia uguale a quello del sito.
- SEGRETO n. 5: Iscriviti a Skype e a Messenger creando account con lo stesso nome del tuo sito.
- SEGRETO n. 6: Iscriviti a un servizio di Dropshipping; scegli un fornitore che rispecchi le caratteristiche riportate nei precedenti capitoli e riforniscitì dal suo catalogo di

prodotti e foto. Archivia il tutto in una cartella dedicata alla tua attività.

- SEGRETO n. 7: Carica i tuoi prodotti (cambiandone leggermente le descrizioni) sul tuo sito, asta eBay o sito annunci, ricordandoti che ogni metodo da te usato deve riportare sempre al tuo sito diretto, in modo che i clienti in un secondo momento possano acquistare direttamente da lì.
- SEGRETO n. 8: Dopo ogni vendita o semplice contatto memorizza gli indirizzi email dei tuoi clienti in un'apposita cartella. Sarà la tua mailing list, che utilizzerai per le future promozioni o iniziative.

CONCLUSIONE

Come già detto nella prefazione, l'intento principale di questo ebook è quello di promuovere l'idea del Dropshipping come nuova forma di commercio e come nuova, concreta e seria opportunità di guadagno.

Spesso il lavoro online subisce le critiche dei più, poiché sostanzialmente è un fenomeno poco conosciuto e, come si sa, ciò che si conosce poco ed è nuovo fa paura alla maggior parte delle persone, ancora prima che conoscano di cosa si tratta.

Ricordati sempre che in questo libro non si è mai parlato di "non fare niente" o di "guadagno facile", bensì di una nuova attività imprenditoriale che grazie ad Internet può prendere vita e svilupparsi, ma che soprattutto richiede impegno e passione per essere realizzata. Non solo, richiede anche una certa dose di studio e approfondimento costante, poiché questa attività è destinata ad evolversi e a cambiare nel tempo.

I mio consiglio è quello di ingegnarsi a trovare sempre nuove opportunità e soluzioni, nonché nuove collaborazioni e alleanze, anche perché in futuro i mercati subiranno sensibili crescite e sarà possibile cogliere nuove opportunità.

Alla base di un'attività di successo c'è sempre un'idea creativa che mai deve abbandonare il tuo lavoro, qualsiasi esso sia, perché è quella che lo farà prosperare nel tempo e lo renderà emozionante.

Quindi se sogni un lavoro da gestire in completa autonomia e libertà, onesto e diverso, il Dropshipping è quello che fa per te. Non solo, può essere realizzabile inizialmente con poche, se non nulle, spese e può conciliarsi con il tuo attuale lavoro.

È chiaro che, come in tutte le cose, all'inizio perché tu possa diventare pratico del mestiere devi familiarizzare con esso. Devi fare esperienza, sviluppando nuove metodologie di lavoro e strategie che meglio si adattino alla tua attività e alle sfaccettature del mercato.

Internet è solo all'inizio del suo sviluppo e già offre immense opportunità di guadagno in più rispetto al mercato offline, basti pensare alla crisi economica che interessa il nostro paese da un po' di anni e che ha generato una vera e propria corsa al risparmio. È cioè inevitabile che la gente voglia spendere meno e meglio, perché non ha soldi.

Internet è un buon modo per un commerciante di ridurre i propri costi e far pagare meno i prodotti che vende. Oggi un'attività si può sviluppare interamente online e può fare a meno delle regole che finora la società ha imposto al commercio.

Con Internet **si può commerciare ovunque e con chiunque** e in più abbattendo letteralmente i costi di affitto immobili, merci in magazzino ecc., tutto ciò che prima limitava il mondo del commercio, appunto.

Il Dropshipping rispecchia sicuramente un'innovazione nel campo del commercio online e in Italia è ancora agli albori. Sono certo che quando i grossi fornitori del nostro paese si accorgeranno che è possibile vendere di più i propri prodotti grazie ai dropshipper, senza una costosa e spesso inefficiente rete vendita, allora sarà possibile sviluppare ancor meglio questa nuova attività.

Comunque resto del parere che chi comincia da subito questa attività, che è agli albori, sicuramente si porterà avanti per i prossimi anni, quando il Dropshipping assumerà nuove forme, più evolute e sicuramente più ottimizzate.

In conclusione, spero di averti dato ottimi spunti di ricerca e avvio per il futuro e ti auguro un buonissimo e prosperoso futuro!!!

Donato Matola

www.ingramcontent.com/pod-product-compliance
Ingram Content Group UK Ltd.
Pitfield, Milton Keynes, MK11 3LW, UK
UKHW022023190726
13853UKWH00005B/2084